Sitzungsberichte
der Akademie der Wissenschaften
der DDR
Mathematik – Naturwissenschaften – Technik

19 N
1980

N. Joachim Lehmann

Sprachlich gestützte und geleitete EDV-Projektierung

AKADEMIE-VERLAG · BERLIN

Sitzungsberichte
der Akademie der Wissenschaften
der DDR
Mathematik — Naturwissenschaften — Technik

Jahrgang 1980 · Nr. 19/N

N. Joachim Lehmann

Sprachlich gestützte und geleitete EDV-Projektierung

Die Sprache als Kommunikationsmittel für Mensch und EDVA

THEORIA CUM PRAXI

AKADEMIE-VERLAG · BERLIN
1981

Vortrag von Prof. Dr. habil. N. J. Lehmann,
Technische Universität Dresden, Sektion Mathematik.
gehalten am 13. 9. 1979 in der Arbeitsgruppe Informationsverarbeitung/Kybernetik der Klasse Mathematik der AdW der DDR

Herausgegeben im Auftrage
des Präsidenten der Akademie
der Wissenschaften der DDR
von Vizepräsident Prof. Dr. Heinrich Scheel

Erschienen im Akademie-Verlag, DDR-1080 Berlin, Leipziger Str. 3—4

Lizenznummer: 202 · 100/87/80
Gesamtherstellung: VEB Druckhaus Köthen
Bestellnummer: 762 893 8 (2010/80/19/N) · LSV 018 5
Printed in GDR
DDR 4,50 M

1. Einleitung und Zielstellung

Ausgangspunkte zu diesem Beitrag sind Thesen, die der Verfasser bereits vor zehn Jahren in einem Vortrag „Zur Bedeutung problemorientierter Programmierungssprachen beim Einsatz der elektronischen Datenverarbeitung“ [28] formuliert hat. Sie wurden damals zur Grundlage weiterer Forschungsarbeiten gemacht, in denen neben der Diskussion verschiedener Aspekte der Sprachentwicklung [29], [32], [33], [35], [36] besonders die Schaffung eines leistungsfähigen und leicht handhabbaren Fachsprachensystems DEPOT [8], [31], [40] in den Mittelpunkt gestellt war. Durch diese Sprach-Definitions- und Implementierungshilfe konnten bereits umfangreiche praktische Erfahrungen bezüglich der Bereitstellung und Anwendung problemorientierter Programmierungssprachen gesammelt werden, die vorangegangene theoretische Überlegungen durch experimentelle Resultate zu untermauern gestatteten. Zur gleichen Zeit wurden international wesentliche Fortschritte bei der Bereitstellung von Entwurfs- und Programmierungsstrategien zur EDV-Einsatzvorbereitung gemacht, die durch Stichworte wie „wohlstrukturierte und modulare Programmierung“ [5], [15], [20], „Top-Down-Entwurfsstrategien“ [58], [63] und „Chief-Programmierer-Teamarbeit“ [3] charakterisiert werden können. Dabei zeichnen sich solide Fundamente einer technischen Disziplin Systems-Engineering ab [23].

In der vorliegenden Arbeit wird die Entwicklung von Programmierungssprachen mit der gesamten EDV-Einsatzvorbereitung und -Nutzung in Verbindung gebracht. Ausgehend von Erfahrungen mit Programmierungssprachen, ihrer Weiterentwicklung sowie Verbreitung und bezugnehmend auf die Forderungen einer modernen EDV-Entwurfs- und Programmierungsmethodologie erweisen sich problemorientierte Programmierungssprachen als entscheidender Teil einer EDV-Einsatztechnologie. Ihre Anwendung führt zu einer sprachlich geleiteten und sachgerechten Bearbeitungsstrategie, die im wesentlichen vom Nutzer (-Fachmann) allein gehandhabt werden kann. In der Zukunft können in diesen sprachlichen Grundlagen, ihren stilistischen Regeln und Darstellungsrichtlinien auch Elemente der künstlichen Intelligenz zur Wirkung gebracht werden [13], [55]. Das sprachliche Fundament erweist sich hierbei als notwendige Voraussetzung.

Zur Absicherung dieser anspruchsvollen Bewertung von problemorientierten Programmierungssprachen und daraus abgeleiteten Anforderungen werden auf der Basis gesicherter Erfahrungen allgemeine erkenntnistheoretische und vergleichende sprachtheoretische Überlegungen durchgeführt. Dabei zeigen sich deutliche Parallelen in den Entwicklungen von Fach- und Programmierungssprachen, aber auch charakteristische Unterschiede, die durch unterschiedliche „Fähigkeiten" von Mensch und Maschine bedingt sind und sachgerecht berücksichtigt werden müssen.

Aus diesen wissenschaftstheoretischen Untersuchungen und aus dementsprechenden Analysen von vier charakteristischen Anwendungsbeispielen werden Schlußfolgerungen für die problemorientierten Programmierungssprachen in den Abschnitten 6–8 und 11 gezogen. Es bestätigte sich dabei der erwartete Rationalisierungseffekt bei der EDV-Einsatzvorbereitung, der auch als Antrieb für die Durchsetzung dieser Entwicklung erwartet werden muß. Die Zusammenschau aller Einzelergebnisse und Aussagen mit den Forderungen aus dem Bereich der Software-Technologie lassen dabei nochmals in überraschend deutlicher Weise die problemorientierten Programmierungssprachen als Brennpunkt der Problematik hervortreten und unterstreichen die Bedeutung der hiermit geforderten sprachlich orientierten Programmierungstechnologie.

2. Erfahrungen bei der Einführung von Programmierungssprachen

Die Schaffung von Programmierungssprachen resultierte zunächst aus dem Bemühen, die Aufschreibung der Liste von Rechenautomaten-Maschinenkommandos zu vereinfachen und an die gewohnten Algorithmen- und Formeldarstellungen der numerischen Mathematik anzupassen. Außerdem sollte die Wiederverwendung erprobter Programme unabhängig vom zugewiesenen Maschinen-Speicherplatz und der Maschinentype erleichtert werden. Der Gewinn dieser Entwicklung war vielfach [28]: Der Übergang von der reinen Maschinencodierung zur Assemblertechnologie und zur höheren Programmierungssprache steigerte die Programmierungseffektivität jeweils um einen Faktor von zumindest 5, dazu kam die Steigerung der Wiederholfaktoren durch Nutzung maschinengerechter Programmbibliotheken. Außerdem konnten damit viele mit den jeweiligen Aufgaben besonders vertraute Nutzer unmittelbar in den Programmierungsprozeß einbezogen werden. Insgesamt wurde damit anfangs der 60er Jahre die Programmierungseffektivität um das 10^2 bis 10^3fache gesteigert. Dementsprechend erhöhten sich auch die Anstrengungen, um dieses neue Instrument weiter auszubauen und noch leistungsfähigere Programmierungssprachen zu erfinden.

Die Tabelle 1 gibt eine Übersicht über die Bereitstellung einiger Programmierungssprachen zusammen mit der Angabe charakteristischer Merkmale, hauptsächlicher Einsatzgebiete und ihrer derzeitigen Bewertung. Dabei sind in der Gruppe I Sprachen mit einem relativ breiten Einsatzbereich, in der Gruppe II solche für spezifischere Anwendungen zusammengefaßt. Es konnten natürlich nur wenige Beispiele herausgegriffen werden, denn inzwischen beläuft sich die Anzahl der angebotenen Programmierungssprachen und ihrer Varianten auf viele Hunderte [50].

Die anschließende Abbildung 1 stellt das Ergebnis von Umfragen über die in Westeuropa in Rechenzentren mit großen EDV-Anlagen benutzten Programmierungssprachen grafisch dar [46]; schraffiert sind die Ergänzungen eingetragen, die in etwa den Verhältnissen in der DDR entsprechen (vgl. auch [39]).

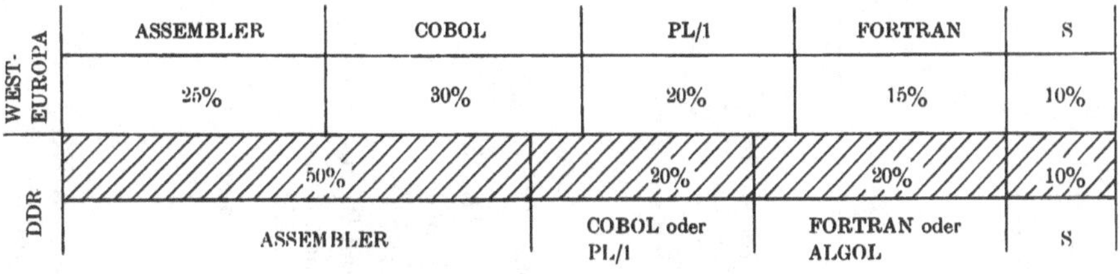

(S: RPG u.a., Spezialsprachen mit lokaler Bedeutung)

Abb. 1 Einsatz von Programmierungssprachen bei EDV-Großanlagen (2. Hälfte der siebziger Jahre)

Dieses Ergebnis zur Anwendung der Programmierungssprachen mag den Theoretiker überraschen: Sprachen mit ungünstiger logischer Struktur, inkonsequentem Aufbau und mit negativem Einfluß auf die gesamte Denk- und Arbeitsweise des Programmierers, der vielfach nachgewiesen wird [32], [33], [46], beherrschen die Szene. Diese Kritik trifft dabei ebenso die neueren Sprachen PL/1 für Groß-, BASIC für Kleinrechner. Es bleibt unübersehbar, daß frühzeitig eingeführte Sprachen zur Grundlage für umfassende Programmpakete und -Bibliotheken wurden, die sich einen breiten Anwenderkreis gesichert haben, der auf „seine Sprache“ eingeschworen ist. Das Versprechen einer abgekürzten Testphase, übersichtlichere Programmstrukturen und Dokumentation mit Einsparungen von bestenfalls 50% des Aufwandes können ihn nicht zum Umsteigen auf eine neue Sprache bewegen [46]. Der entgegengesetzte Effekt konnte in den RGW-Ländern beobachtet werden: In diesem Bereich wurde zunächst die Sprache ALGOL 60 gegenüber FORTRAN bevorzugt, da sich die KNWWT[1] 1964 für die Förderung dieser Programmierungssprachen ausgesprochen hatte. Jedoch führte die Verfügbarkeit vieler Algorithmen in FORTRAN-Version und der Anschluß an die CERN-Programmbibliothek der Kernphysik, die FORTRAN benutzt, bald auch hier zu einer ursprünglich unerwünschten Verbreitung dieser insgesamt ungünstigeren Programmierungssprache.

Anders verhält es sich bei Sprachen, die ein neues Anwendungsgebiet der EDV zu erschließen gestatten und dabei, wie beim erstmaligen Übergang zu höheren

[1] KNWWT: Kommission für mehrseitige Zusammenarbeit sozialistischer Akademien zu wissenschaftl. Problemen der Rechentechnik.

Tab. 1
Programmierungssprachen und einige ihrer Besonderheiten

Sprache	Jahr	Einsatzgebiet	Besonderheiten (hauptsächlich)	logische Qualität (heutige Wertung)
GRUPPE I:		relativ breit		
FORTRAN FORTRAN IV	1956 1952	numerische Berechnungen	statischer Aufbau, sehr an Assembler angelehnt	schlecht
ALGOL 58 ALGOL 60	1958 1960	numerische Berechnungen	dynamischer Aufbau, logisch geschlossen, erste formale Syntaxdefinition	gut
COBOL COBOL 70	1960 1970	kommerzielle DV	flexible Datengesamtheiten, einfache Struktur- und Rechenanweisungen	schlecht
PL/1	1964	numerische und kommerzielle DV	integrierte Potenzen von FORTRAN, ALGOL, COBOL; universell, aber inkonsistent	schlecht
ALGOL 68	1968	universeller Anspruch	dynamische Operationen und Datenstrukturen; logisch und orthogonal; formale Definition, z. T. auch für Semantik	ausgezeichnet (nicht unwidersprochen [33])
PASCAL	1969	numerisch, nicht eng beschränkt	einfach und logisch, eingeschränkte Dynamik, tragfähiges Dateikonzept	gut
GRUPPE II:		stark spezialis.		
LISP I-LISP	1958 1974	Listenverarbeitg. (künstl. Intellig)	ausgebaute Verweistechnik, rekursiv, gutes Anwendersystem, interaktiv	gut

APT	1963	Maschinensteuerg.	kommandoorientiert (sehr einfach)	brauchbar
BASIC	1965	Ingenieuraufgaben	FORTRAN-Niveau, interaktive Arbeitsweise	schlecht
GEORGE (Steuerspr.)	1967	Kommandosprache	sprachlich gesteuertes Betriebssystem (ICL-Rechner)	(wenig bekannt)
SIMULA 67	1967	Simulationsaufgaben	Erweiterung von ALGOL 60, Klassenkonzept/abstrakte Datentypen	gut
ALPHARD	1974	Entwicklung, Verifikation	abstrakte Datentypen (Konzept der Unteralgebren)	Bewertg. noch ausstehend

Programmierungssprachen üblich, einen Effektivitätsgewinn um den Faktor 5 ergeben. Sie finden schnell Eingang in den entsprechenden Anwendungsbereichen. Beispiele hierfür sind die Sprache COBOL für die kommerzielle Datenverarbeitung, LISP als Grundlage der Verarbeitung komplizierter Strukturen im Bereiche der Forschung zur künstlichen Intelligenz, APT für die Steuerung von Werkzeugmaschinen, BASIC als einfache interaktive Sprache für den Hausgebrauch des Ingenieurs. Stichworte für diese Erfolge sind, kommerziell ausgedrückt: Schließung von „Marktlücken“ bei wesentlicher „Produktivitätssteigerung“. Bisherige Erfahrungen gestatten den Schluß, daß für die schnelle Durchsetzung einer Programmierungssprache eine Aufwandsreduktion um etwa 80% erwünscht ist; dieser Wert scheint den Charakter einer Erfolgsbarriere zu besitzen.

In den globalen Übersichten von Tabelle 1 und Abbildung 1 kommen natürlich Besonderheiten der Entwicklung von Programmierungssprachen kaum zur Sicht. So ist der Erfolg von PL/1 nur durch den im einzelnen nicht ausweisbaren Einsatz eines marktbeherrschenden Konzerns erklärlich, der durch die Bereitstellung von Grundprogrammen, angepaßten Betriebssystemen, Schulungen und Schulungsmaterialien sowie eine intensive Marktaufbereitung für die notwendigen Initialkräfte sorgte. Andererseits fehlt in Abbildung 1 und den zugehörigen Originalmaterialien völlig der Hinweis auf EDV-Steuersprachen (für Job- oder Dialogbetrieb), die für den Nutzer bis über 50% der Rechnerleistung der EDV-Anlagen wirksam machen. Unabhängig davon, ob das eine Folge der zugehörigen Erhebungen oder der Wertung als Teil der Betriebssysteme sein mag, manifestiert sich darin eine verbreitete Verkennung der Rolle der sprachlichen Formen bei der Steuerung und auch der Dokumentation [34] zur EDV-Soft- und Hardware.

Aus diesen Gründen soll nochmals betont werden, daß in den modernen Sprachentwicklungen weiterführende Konzepte enthalten sind, auch wenn die jeweilige Programmierungssprache selbst ihr eigentlich erklärtes Ziel verfehlt und nicht in erwartetem Umfang eingesetzt wird. Hier seien dazu hervorgehoben: Begriffe der Datenstrukturen [54], Definitionskonzepte für Operationen und Operatoren [4], [60], abstrakte Datentypen und Module mit Schnittstellenbeschreibung, bei denen gewisse Daten- und Operationskonzepte im Sinne von Teilalgebren zu neuen Einheiten zusammengefaßt und -behandelt werden [7], [18], [41], [62], sowie Sprachhierarchien für eine den jeweiligen Erfordernissen genügende blockmäßige bzw. detaillierte Beschreibungsform [6], [58], [63] usw. Allerdings lassen sich damit in den Sprachen zunächst lediglich lokale Verbesserungen erreichen, die nur bei Fokussierung auf eine spezielle Einsatzaufgabe die schon erwähnte Erfolgsbarriere überschreiten. Das gilt z. B. für ALGOL 68, das als Universalsprache auch dann kaum schnellere Verbreitung erfahren dürfte, wenn zu ihm bequemere Darstellungen entwickelt würden. Lediglich bei PASCAL mit seinem einfachen und durch die benutzten Variablen- und Filekonzepte sehr anpassungsfähigen Aufbau, der durch ein geeignetes Betriebssystem auch leicht Verbindungen zu anderen Sprachen ermöglicht, scheint nach den bisherigen Erfahrungen der Antrieb zu einer breiten Anwendung auszureichen.

Bevor aus diesen Einzelergebnissen zur Entwicklung von Programmierungssprachen weiter reichende Schlüsse und Bewertungsmaßstäbe abgeleitet werden können, muß zunächst ein Überblick über den Stand und die gegenwärtigen Erfordernisse beim EDV-Einsatz gewonnen werden. Nur in einem solchen größeren Zusammenhang kann die Bedeutung und der Erfolg von sprachlichen Hilfsmitteln sachgerecht beurteilt werden.

3. Die Anforderungen einer modernen EDV-Einsatz-Projektierung

Die Entwicklung der automatischen Informationsverbreitung ist in den letzten Jahren durch Anstrengungen zur Erarbeitung einer effektiven und theoretisch fundierten Programmierungstechnologie gekennzeichnet [22]. Es muß eine große Lücke geschlossen werden, die durch eine rasche und ständige Erhöhung der Leistungsfähigkeit der elektronischen Rechengerätetechnik einerseits und durch die kaum mehr beherrschte riesige Software der Automaten andererseits aufgerissen wurde. Die Programmsysteme entstanden und entstehen immer noch sehr pragmatisch und praktizistisch und sind nur schwer (wenn überhaupt) effektiv an eine spezielle Aufgabenklasse anzupassen, zu erweitern oder zu modifizieren. Dabei läßt auch die Portabilität und Verträglichkeit von Sprach-Implementationen und deren Integrationsfähigkeit sehr viele Wünsche offen. (So wird in der DDR nur auf der BESM 6 ein ALGOL/FORTRAN/SIMULA/ASSEMBLER Sprachverbund zur Verfügung gestellt, der leider nicht auf ESER-Anlagen portabel ist.)

Die Bedeutung dieser Feststellungen läßt sich aus der Abbildung 2 entnehmen, in dem die Aufwendungen für die verschiedenen Phasen des Programmentwurfs und der Programmentwicklung verglichen werden: das sind die Aufgabenanalyse, -erfassung und -darstellung, die Festlegung der im Prinzip als bekannt vorausgesetzten Lösungsalgorithmen und deren Kodierung und Austestung sowie die Integration in das jeweilige EDV-Gesamtsystem. Als Schwerpunkte erweisen sich dabei die konzeptionelle Phase und die Implementierungs- und Integrationsabschnitte mit jeweils 40% des Gesamtaufwandes. Die eigentliche Kodierung der neuen Programmteile erfordert mit 20% nur einen kleineren Beitrag. Die meisten Fehler werden in der Konzeptionsphase gemacht. (Diese eigenen Erfahrungen entsprechen in etwa auch denen anderer Autoren [46].)

Dabei schließt diese EDV-Einsatzvorbereitung unmittelbar an die noch viel umfangreichere wissenschaftliche Erschließung und Erfassung des betreffenden Anwendungsgebietes an und ist eigentlich nur ein Teil hiervon. Ebenso setzt sich der Installationsabschnitt beinahe nahtlos in einer Nutzungs- und Ausbauphase fort, die über längere Zeitabschnitte summiert, im allgemeinen noch ein Vielfaches der ursprünglichen Aufwendungen erfordert. Dabei dürfen diese Vorbereitungsschritte nicht isoliert gesehen werden, sondern sie sind bei jedem Einsatzgebiet erneut zu gehen.

In Abbildung 3 werden dementsprechend Zusammenhänge bei der EDV-Einsatzvorbereitung lediglich in die zwei Hauptabschnitte „Modell- und Problemformulierung" und die „Realisierung dieses logischen Konzeptes im EDV-System" aufgeteilt. Die Entwicklung des logischen Konzeptes und die schließliche Installation und Integration verläuft dabei in Einzelschritten und zum Teil iterativ bis die zunächst globaleren Ansätze in Einzelheiten detailliert und im Maschinenprogramm erfaßt sind[2]. Dieses Schema entspricht dabei der konzeptionellen EDV-Projektierungsmethodik, wie sie etwa Langefors vertritt [27]. In Spalte 2 sind zu jeder Arbeitsstufe noch übliche, kennzeichnende Begriffe vermerkt.

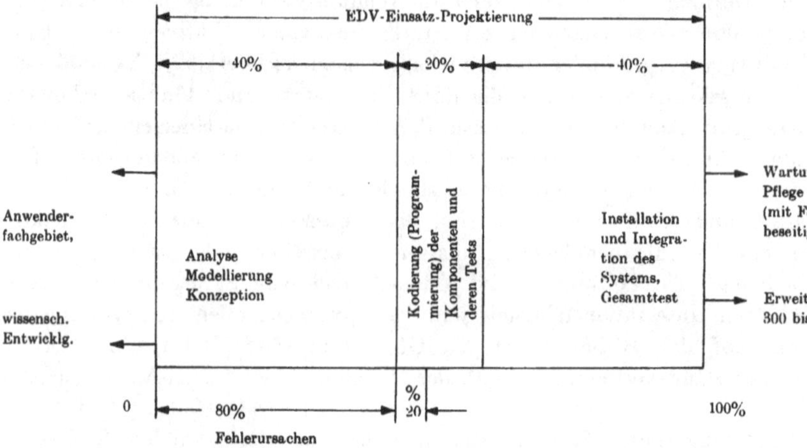

Abb. 2 Aufwendungen bei der EDV-Einsatzvorbereitung

Selbstverständlich erfordert jeder Bearbeitungsvorgang eine sprachliche Grundlage, die zudem sehr gegenstandsorientiert sein sollte. Sie wird in Abbildung 3 (Teil 2) in der Spalte 4 angemerkt. Bei entwickelten Wissenschaftsgebieten spielt dabei im Fachgebiet und bei der Modell- und Problemformulierung die Sprache der Mathematik eine hervorragende Rolle und erleichtert die anschließenden Schritte der EDV-Einsatzvorbereitung ganz entscheidend. Diese sprachliche Stützung der gesamten Aufbereitungsphasen steht im folgenden – im Gegensatz zur bisherigen Praxis – im Vordergrund der Untersuchung. So wird schon in der Spalte 3 der Abbildung 3 auf den Charakter der benötigten Sprachelemente hin-

[2] Dabei wird hier ein wissenschaftlich bereits weitgehend erschlossenes Anwendungsgebiet vorausgesetzt, in dem eine Aufgabe schrittweise detailliert wird (Top-Down-Strategie). Anderenfalls müssen zuvor Einzelheiten zu abstrakten Modellen zusammengefaßt und dabei eine „Bottom-Up" Entwicklung mit berücksichtigt werden.

gewiesen, die bei der Modellierung der Probleme vor allem interrogative (fragende) und deskriptive (beschreibende) Formen benötigt, auf denen Lösungsvorschriften zunehmend imperativ (anweisungs-) orientiert aufbauen. Erst im äquivalenten Datenverarbeitungsmodell kommen die üblichen Programmierungs- und EDV-Steuersprachen (die job- oder dialogorientiert sein können) als Kodierungs- und Kommunikationssprachen gegenüber dem EDV-System (Hard- und Software) zum Einsatz. Sie müssen hierzu neben Anweisungsaufgaben auch deskriptive und integrierende Funktionen bezüglich vorhandener EDV-Grundlagen ausführen und steuern können.

Wie bereits aus dem 2. Abschnitt dieses Beitrages hervorgeht, hatten die Programmierungssprachen in der ersten Stufe ihrer Entwicklung zumeist imperativen und (elementar-)algorithmischen Charakter, die Anweisung „x:= Ausdruck" ist typisch hierfür. Nur in Vereinbarungen und Prozedurspezifikationen wurden deskriptive Formen benutzt. Der Ausbau in Richtung der auszuführenden Analyse- und Entwurfstätigkeiten und die Berücksichtigung von Integrationsaufgaben erfolgt erst in einer weiteren Stufe der Sprachentwicklung [45], [57].

Um diesen Mangel auszugleichen, wurden in der EDV-Praxis unter den verschiedensten Bezeichnungen Entwurfsrichtlinien ausgearbeitet, die ein systematisches Herangehen an die Probleme der EDV-Projektierungsarbeiten garantieren sollen. Mit großem Interesse wurden dementsprechend Vorschläge zur strukturierten oder modularen Programmierung [19], [41], [43], zum Top-Down-Entwurf [58], [63] zu Entscheidungstabellen [56], HIPO [49], strukturierter Analyse [52] u. ä. aufgenommen. Die dabei häufig angewandten grafischen Mittel oder vorgefertigten Formulare usw. stellen jedoch eigentlich wiederum eine Mixtur umgangs- und formalsprachlicher Mittel dar. Für die Integration neuer Probleme und Programme in ein verfügbares EDV-System stellen die Betriebssysteme mit allen ihren Hilfsfunktionen, Archiven und Bibliotheken prinzipiell Hilfsmittel bereit. Allerdings wurde bereits im Abschnitt 1 die ungenügende sprachliche Form und auch die oft fehlende Kooperationsfähigkeit verschiedener derartiger Programmteile bemängelt.

Dieser unbefriedigende Entwicklungsstand der Programmierungssprachen im Hinblick auf die Projekt-Entwurfs- und Integrationsphase führt oft zu einer kontroversen Gegenüberstellung von „Systemen" und „Sprachen", während in Wirklichkeit jedes der auftretenden Systeme nur in sprachlicher Gestaltung und mit zugehörigen stilistischen und Aufbauregeln (beispielsweise von Entwicklungsebenen und -stufen) realisiert werden kann. Der Begriff Sprache ist dabei in gebotenem allgemeinen Sinn zu verstehen und schließt z. B. die Verwendung von formularmäßigen und grafischen Darstellungen ein. Dementsprechend wurde auch bei der Auswertung eines Konferenzberichtes über „Information Systems Methodologie" [10] festgestellt, daß die sprachliche Grundlage ungenügend gewertet wird, obwohl schließlich 60% der Autoren ihre Methodiken direkt (oder indirekt bei der Anwendung) mit programmierungssprachlichen Darstellungen verknüpfen und damit zur Wirkung bringen [37].

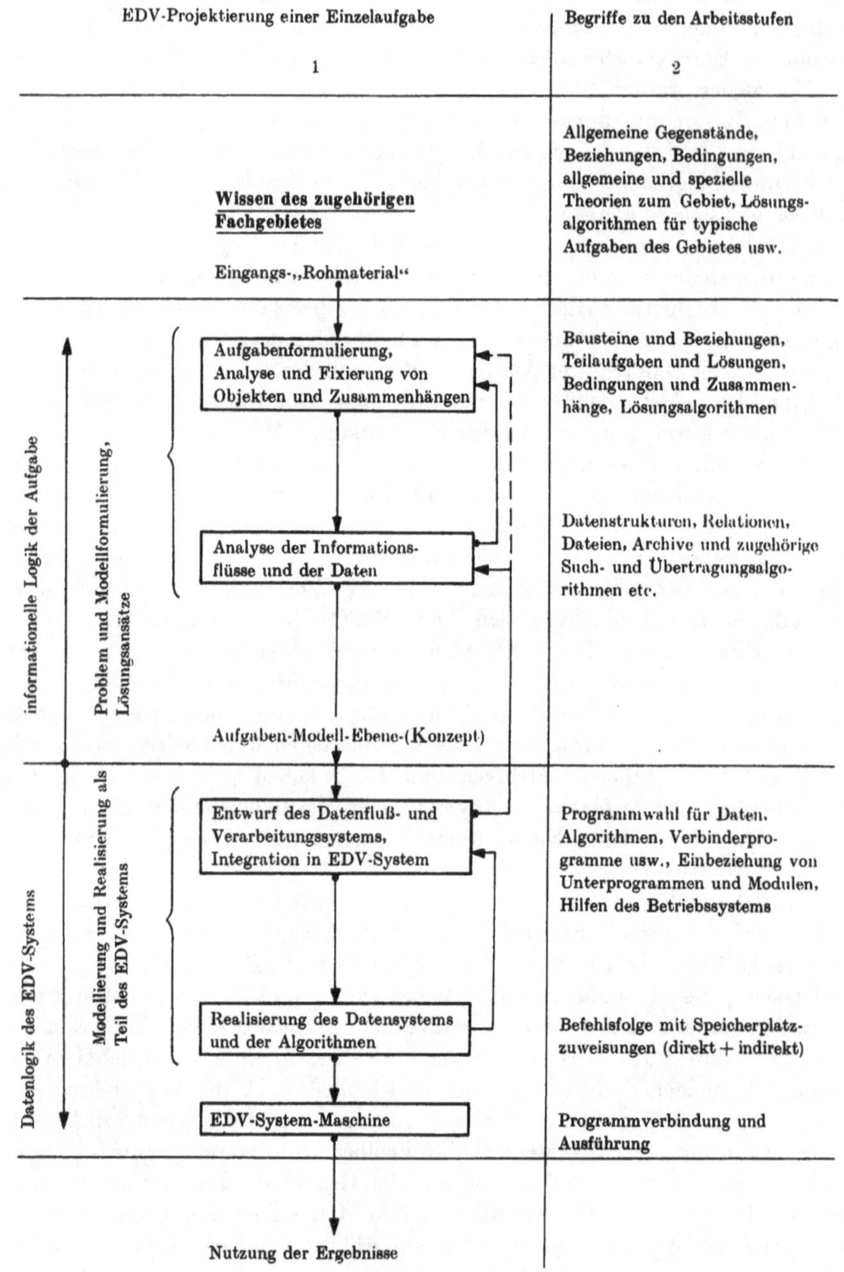

Abb. 3 (Teil 1): EDV-Einsatzvorbereitung (Inhalt)

Hauptcharakteristika der Darstellungsart 3	Sprachliche Stützung 4	Stellung der Problemorientierten Programmierungssprache 5	
interrogativ ↕ deskriptiv	Wissenschaftliche Fachsprache (oder -sprachen) auf mathematischer und umgangssprachlicher Basis		
zunehmend imperativ	Nutzer-Fachsprache, auf Problem zugeschnitten (deskriptiv und imperativ) Nutzorientierte Konzepte der EDV-Systemsteuersprachen	Zusammenfassung zur problemorientierten Programmierungssprache, die eine Integration der EDV-System-Programme ermöglicht und problemorientierte deskriptive und imperative Komponenten enthält	Transformation EDV-Einsatzvorbereitung
Datensysteme, deskriptiv für imperative Nutzung ↓ imperativ	Basis-Programmier- und EDV-System-steuersprachen (einschl. Job-, Dialog- und Datei-Steuersprachen des Betriebssystems) Maschinengerechte Kodierung des Programms	Compiler oder Interpreter	
	Nutzerfachsprache		

Abb. 3 (Teil 2): EDV-Einsatzvorbereitung (Sprache)

Um die Zusammenhänge aller Stufen eines EDV-Projektentwurfs, der Programmierung und seiner Realisierung von einem übergeordneten Standpunkt zu sichten und zu werten, müssen die erkenntnistheoretischen Grundlagen dieser Entwicklung herangezogen werden. Dabei bietet sich der Vergleich mit der Entstehung der Sprache und der Erkenntnisfähigkeit des Menschen an, wobei aber die Unterschiede zu diesem natürlichen Prozeß keineswegs außer Betracht gelassen werden dürfen. Auf dieser Basis können gesicherte Aussagen über die zukünftigen Fortschritte von sprachlich geleiteten EDV-Einsatzvorbereitungssystemen erwartet werden.

4. Die Sprache und die Widerspiegelung der Wirklichkeit

Die Bedeutung der Sprache für die Widerspiegelung der Realität und die Zusammenhänge mit dem Denken sind schon lange ein Untersuchungsgegenstand der Philosophie, der Linguistik und der Psychologie [1], [53]. Ohne auf Einzelheiten und verschiedenartige Ausgangspunkte der Forschungen einzugehen, kann daraus entnommen werden: [29], [36]

These 1: *Die Sprache entwickelt sich mit der Tätigkeit des Menschen bei der Widerspiegelung der objektiven Realität. Sie ist unmittelbare Wirklichkeit des Gedankens und gleichzeitig Instrument des Erkenntnis- und Kommunikationsprozesses. Sprachen sind dementsprechend nur relativ stabil, sie entwickeln sich mit Zunahme der Erkenntnisse.*

Dabei muß der Begriff der Sprache sehr allgemein verstanden werden, er umfaßt jegliche Form der Zeichen- und Bildersetzung (Syntax) und die zugehörige Interpretation (Semantik). Ihre Worte, Wortverbindungen und Sätze erhalten ihre Bedeutung aus der Reflexion der umgebenden Realität und sublimieren und verdichten dabei gegebenenfalls die Erfahrungen ganzer Menschheitsgenerationen und ihrer wissenschaftlichen Arbeit. Die Bedeutung formalisiert Sprachen, bei denen die Syntax und Semantik möglichst eindeutig ist, wurde bereits von G. W. Leibniz tief erfaßt und als Theorie der Charakteristika definiert [38]:

„*Die Wissenschaft der Charakteristika ist die Kunst, die Zeichen so zu bilden und anzuordnen, daß sie die Gedanken wiedergeben oder daß sie untereinander die Beziehungen haben, die zwischen den Gedanken bestehen. Ein Ausdruck ist ein Aggregat von Zeichen, die eine auszudrückende Sache repräsentieren. Das Gesetz hierfür ist: Der Ausdruck muß aus den Zeichen derselben Gegenstände komponiert werden, aus deren Vorstellungen sich das Gedankenbild der auszudrückenden Sache zusammensetzt.*"

Mit dieser Formulierung wird auch die Kraft und Bedeutung der Sprache für die gedankliche Modellierung der Realität erkennbar, wenn die Gedanken als Substitut der Objekte der materiellen Welt und deren Beziehungen untereinander verstanden werden. Leibniz selbst hat seine grundlegenden Erkenntnisse zur Erfindung „kraftvoller“ Bezeichnungen bei der Differential- und Integralrechnung und bei anderen mathematischen Gegenständen erfolgreich für die Praxis angewandt. Die eigentliche Theorie der Charakteristika mußte für die damalige Zeit ein Wunschbild bleiben. Für die vorliegenden Aufgaben kann jedoch damit formuliert werden:

These 2: *Die Atome, Beziehungen und Strukturen einer Sprache reflektieren Gegenstände, Bewegungen und Zusammenhänge der Realität. Die Kommunikation erfordert neben Abbildungs- und Aussagefunktionen (deskriptive Komponente) die Frage- (interrogative) und Anweisungs-(imperative)-form.*

Allerdings müssen die Ergebnisse von Leibniz heute in vielfacher Weise ergänzt werden. Er glaubte zunächst mit einer Sprache auszukommen, die „beim Erfinden, beim Behalten, beim Beurteilen eine unüberwindliche Kraft entwickelt. Sie müsse, gleich viel bei welchem Denkstoffe, das zuwegebringen“ [38]. Da die Sprache einer unendlich vielfältigen Wirklichkeit angepaßt werden muß, ist dies in einer effektiven Weise jeweils immer nur für einen Teilkomplex der Realität zu erreichen, wie es aus eben diesem Grunde zahlreiche Wissenschaften gibt, die sich jeweils mit entsprechenden Ausschnitten der Realität befassen. In jedem Falle ergibt die Fachdisziplin und -sprache für den jeweiligen Gegenstand einen Fokussierungseffekt, der niemals durch eine allgemein gehaltene Darstellung ersetzt werden kann. Dabei ist jede Entwicklung von gleichzeitig ablaufenden Differentiations- und Integrationsprozessen begleitet, die im vorliegenden Zusammenhang sowohl die Entstehung neuer spezialisierter Beschreibungsmittel als auch den Ausbau universeller Sprachen bewirken.

Außerdem sollte nach Leibnitz die Theorie der Charakteristika die Entscheidung jeder vernünftigen Frage erlauben und bei auftretenden Problemen fordert er auf: „. . . setzen Sie sich mein Herr, und rechnen (kalkülmäßiges Bearbeiten) wir . . .“. Damals war nicht absehbar, daß es durchaus vernünftige Fragestellungen gibt, die algorithmisch unlösbar sind. Die Zusammenfassung dieser Erfahrungen führt schließlich zur

These 3: *Fachsprachen sind stärker formalisiert, für detaillierte Darstellungen geeignet und stellen hochspezialisierte und effektive Werkzeuge der im Fachgebiet notwendigen Gedankenarbeit dar. Als Definitionsbasis und Querverbindung zwischen den Gebieten sind universelle (Umgangs-) Sprachen und hierarchisch aufgebaute Sprachsysteme notwendig. Fachsprachen ändern sich entsprechend den lokal veränderbaren Erkenntnissen gegebenenfalls sehr rasch.*

Diese Aussagen lassen sich sofort mit Beispielen belegen (im Rahmen einer engeren mathematischen Theorie auch beweisen): So wird zur Erfassung statischer und dynamischer Beziehungen in der Mechanik eine sehr mathematisch orientierte Fachsprache benutzt, die zumeist auf umgangssprachlich erläuterten Gleichungs- und Differentialgleichungssystemen basiert. Diese unterscheidet sich z. B. wesentlich von Sprachen zur Steuerung von Werkzeugmaschinen, bei denen Hinweise auf Werkzeuge und Einspannwerte, Koordinaten und Vorschubgeschwindigkeiten usw. entscheidend sind. Beide Beschreibungsmittel können nicht für die unterschiedlichen Einsatzbereiche ausgetauscht werden.

Dabei werden auch tieferliegende Unterschiede sichtbar: in der Mechanik wird von einer Beschreibung der Gegenstände und ihrer Beziehungen zueinander ausgegangen und daraus die algorithmische Lösungsanweisung abgeleitet; diese Sprache enthält wesentliche deskriptive Anteile. Dagegen liegt bei der Steuerung von Werkzeugmaschinen das Schwergewicht auf Bearbeitungskommandos, weniger auf der Seite der Werkzeug- oder Werkstückbeschreibung; diese Sprache ist imperativ orientiert. Beide Beispiele demonstrieren zudem die Notwendigkeit der Entwicklung von Sprachhierarchien. In jedem Fall sind neben der Umgangssprache physikalische, mathematische und technische Begriffe einzubeziehen.

5. Das sprachliche Problem bei der EDV-Einsatzvorbereitung

Die sprachlichen Grundlagen bei der EDV-Projektierung wurden bereits im Zusammenhang mit Abbildung 3 hervorgehoben. Auf die vorausgesetzte allgemeine wissenschaftliche Aufarbeitung der Fachgebiete schließt sich als wichtigste Etappe die Erfassung der Aufgabenstellung und ihrer informationellen Zusammenhänge an (2. „Zeile" in Abbildung 3). Hierzu ist eine enge Zusammenarbeit mit dem Nutzer-Fachmann und die Anpassung an dessen Erfahrungen und Vorstellungen notwendig, die sich häufig auch als ausschlaggebend für den Erfolg eines EDVA-Einsatzes erwiesen haben [27]. Dabei sollte möglichst unmittelbar von der im betreffenden Arbeitsgebiet üblichen Fachsprache Gebrauch gemacht werden, um an die schon in Grundworten und -formen reflektierten Bausteine des Problemkreises anzuschließen und die in gewohnten grammatischen oder stilistischen Strukturen ausgedrückten Zusammenhänge (Relationen) sowie Bewegungen (Aktionen, Funktionen) mitzunutzen. So werden hierin akkumulierte Erfahrungen wirksam und die Verständigung mit dem Auftraggeber erleichtert. Zumeist werden dabei engere Problemklassen herausgehoben, für deren Bearbeitung auch eine eingeschränkte und als problemorientiert bezeichnete Fachsprache ausreicht.

Zur Bearbeitung der Einzelprobleme der genannten Klassen mittels EDV-System (das Hard- und Software einschließt) müssen die damit bereitstehenden Leistungen, Hilfen und „Erfahrungen" auch durch die sprachliche Beschreibung selbst herangezogen werden. Das sind z. B. Dateieröffnungen, -zugriffe (auch Spezialisierungen zu Datenbeständen, die eine Suche erleichtern) und Änderungsdienste, Test- und Protokollprogramme, Programme zu Standardlösungen, Aufgabenbeschreibungen mit Lösungshinweisen, Formulargeneratoren, Dokumentationshilfen. Meist wird der Zugriff hierzu mit Steuersprachen (im Job- oder Dialogbetrieb) ermöglicht, oft genug ist jedoch auch noch das Studium umfangreicher Dokumentationen erforderlich. Erst durch die sach- und sprachgerechte

Einbeziehung der Leistungen des EDV-Systems in die problemorientierte Fachsprache wird diese zu einer „problemorientierten Programmierungssprache (PPS)".

These 4: *Eine problemorientierte Programmierungssprache (PPS) ist eine Fachsprache entsprechend These 3, zumeist mit einem eingeschränkteren Anwendungsbereich. Sie reflektiert speziellere Problemklassen, ist weiter formalisiert und nutzt zusätzlich die Möglichkeiten und Hilfen des EDV-Systems für die Problemerfassung und -lösung. (Widerspiegelung auch im EDV-System).*

Bereits Abbildung 3 macht deutlich, wie weit dieses Sprachkonzept der PPS über das der heutigen Programmierungssprachen nach Abschnitt 2 hinausgeht: PPS erfassen den gesamten EDV-Projektierungsprozeß. Während bisher den beschreibenden Komponenten der Sprachen nur untergeordnete Bedeutung zukam und ebenso der Integrationsfähigkeit und der Ausnutzung der EDV-Systembeiträge nur geringe Aufmerksamkeit gewidmet wurde — zumeist wurde das aus den Sprachen in das Betriebssystem delegiert —, müssen in der PPS diese Gesichtspunkte vom Prinzip her und homogen mit den fachbezogenen Erfordernissen verbunden werden. Erst in diesem Rahmen werden die am Ende des 2. Abschnitts genannten deskriptiven und interrogativen Hilfsmittel sowie hierarchische Sprachstrukturen breit zur Wirkung gebracht werden können. Allerdings sollte nicht übersehen werden, daß für jede Problemklasse der Umfang der PPS sorgfältig beschränkt werden muß, falls nicht die Effektivität der sprachlichen Stützung gefährdet werden soll.

These 5: *Der Entwurf einer PPS erfolgt im Zusammenwirken von Nutzer und EDV-Spezialisten auf der Basis einer Fach- und geeigneter Programmierungs- und EDV-Steuersprachen (Job-, Dialogsprache u. a.). Die Basis (oder Referenz-) -sprachen haben den Charakter eines allgemeinen Kommunikationsmittels.*

Die Formulierung der Einzelaufgaben mittels der PPS gehört dagegen grundsätzlich in die Kompetenz des Anwenders, auch wenn er noch EDV-Spezialisten konsultiert. Die Umsetzung der PPS-Programme in Maschinenaktionen erfolgt automatisch durch die EDVA.

These 6: *Spezielle Aufgaben analysiert und formuliert zunehmend der Nutzer selbst in der PPS; diese leitet den gesamten Projektierungsprozeß und steuert das Fachwissen des Gebietes und die EDV-Unterstützung ein. Insgesamt liefert das die Grundlage für die rechnergestützte (und teilweise automatisierte) EDV-Einsatzvorbereitung. Stilistische Regeln und Anordnungshinweise können den Anwender der PPS methodisch unterstützen.*

PPS erweisen sich damit als das Werkzeug der Erkenntnis, das den Nutzer und die EDV in den gesamten Entwurfsprozeß mit einbezieht. Dies entspricht völlig den im 3. Abschnitt gestellten Forderungen. Aus dem Vergleich mit der natürlichen Sprachentwicklung und unter Beachtung der Eigenheiten der EDV können daraus im folgenden zusätzliche Anforderungen für den Aufbau und die

Benutzung von PPS abgeleitet werden. Ihre Wirksamkeit wird dabei durch umfangreiches Erfahrungsmaterial erhärtet.

6. Problemorientierte Programmierungssprachen (PPS)

Zuvor wurden PPS aus wissenschaftstheoretischer Sicht mit Bezugnahme auf fachliche und EDV-Erfordernisse definiert. Abbildung 4 faßt dies zusammen und verdeutlicht nochmals die Stellung und die Aufgabe der PPS für den Nutzer (-Fachmann) und für das EDV-System. Dabei werden die in Abbildung 3 zur Stützung der EDV-Projektierung ausgewiesenen sprachlichen Beiträge in den Mittelpunkt gerückt. Es ergeben sich einerseits sofort Parallelen bei der Reflexion der Wirklichkeit durch den Menschen und durch die Maschine, anderseits tritt der Instrumentencharakter der EDV-Systeme und damit eine Unterordnung zum Menschen deutlich hervor. Trotzdem sollte betont werden, daß der Erkenntnisgewinn des Menschen zunehmend über das EDV-System als Instrument erfolgen kann; das mag ungewohnt erscheinen, aber es werden dem Physiker beispielsweise atomare Gebilde auch nur über Korpuskularstrahl-Mikroskope sichtbar.

In Abbildung 4 erscheinen der Erfahrungsschatz des Menschen und der EDV noch getrennt. In der Zukunft wird diese Lücke im Interesse des Anwenders weitgehend geschlossen werden, gegenwärtig erfolgt diese Integration vor allem durch die gemeinsame Sprache, die sich der Nutzer(-Fachmann) und der EDV-Spezialist mit einer problemorientierten Programmierungssprache erarbeiten. Diese beziehen das EDV-System in das Erkenntnisnetz des Menschen ein und ermöglichen dem Nutzer die Beschreibung seiner Aufgaben in einer Form, in der die Lösung der damit beschriebenen Einzelaufgaben rechnergestützt und weitgehend automatisch ausgeführt werden kann. Dafür müssen letztlich die zur PPS gehörigen Transformations- und Compiler/Interpretersysteme (vgl. Abb. 4) ausgebaut werden; in diesem Zusammenhang sollten auch Elemente der künstlichen Intelligenz zunehmend an Bedeutung gewinnen (Ansätze in [13], [55]). Derzeit stehen hier Standard- und Musterlösungen zur Nutzung bereit und es werden, eventuell im Dialog, Erfahrungen des Fachspezialisten für die Leitung des Lösungsvorgangs herangezogen. Compiler oder Interpreter der PPS-Programme können damit aus Aufgabenbeschreibungen die Steuerung für Programmpakete ableiten. Heute sicherlich noch notwendige Hilfen des EDV-Spezialisten sind in Abbildung 4 gestrichelt eingezeichnet.

Die Parallelität und auch die Unterordnungsverhältnisse im Erkenntnisprozeß bei Mensch und Maschinen gestatten sofort prinzipielle Einsichten zum Wachstumsverhalten von EDV-Systemen. Ebenso wie menschliches Wissen können auch diese Systeme nur ausgebaut und nach einer Startphase, die heute sicher schon überschritten ist, niemals vom Stand Null neu geschaffen werden. Neue Erkenntnisse, Methoden, Technologien werden auf der Basis schon realisierter Teilsysteme und Programme entwickelt und hineinintegriert (vgl. [61]). Dabei verläuft diese Entwicklung unsymmetrisch in Form einer Opposition:

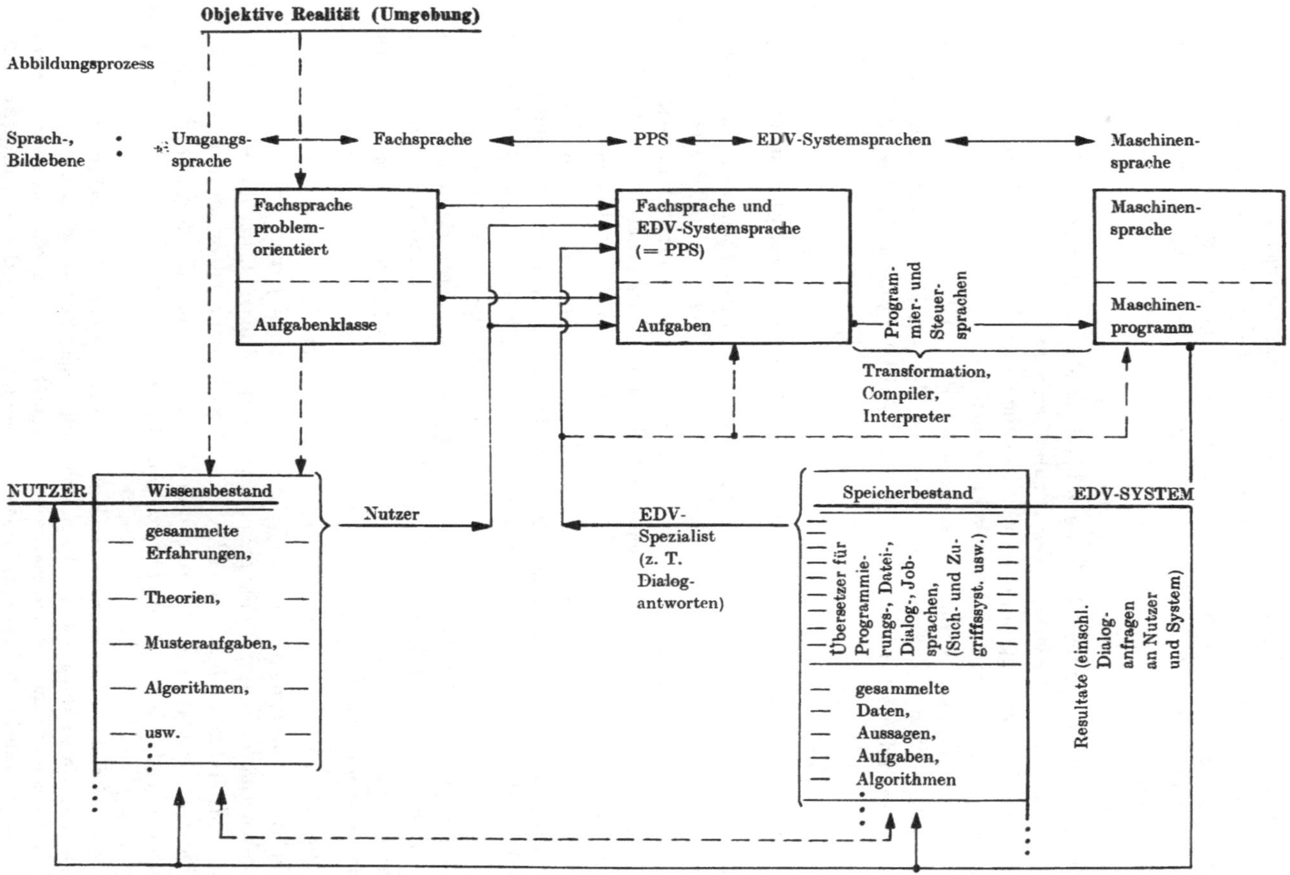

Abb. 4 Spannungsfeld und Kooperation zwischen Nutzer und EDV-System (bzw. Nutzer und EDV-Spezialisten)

These 7: *Die Sprache und die Erkenntnis (auch für das EDV-System) entwickelt sich prinzipiell in einer unsymmetrischen Opposition; die Hervorhebung (Ausarbeitung und besondere Bezeichnung) einer Komponente des Systems beläßt diese implizit auch im Restsystem – jedoch unbetont und als entwicklungsfähige Ergänzung. Hervorgehobene (markierte) Sprachelemente können später auch absterben*[3].

(Diese Entwicklungsform ist in der Linguistik als privative Opposition bekannt [25]. Beispielsweise bezeichnete der „Lehrer" anfangs einen männlichen Beruf. Im Sinne der privaten Opposition wurde dem die „Lehrerin" gegenübergestellt und der Begriff „Lehrer" umfaßt jetzt alle Lehrenden.)

Trotz dieser engen Verbindungen zwischen PPS und gewöhnlichen Umgangs- und Fachsprachen und trotz aller Prioritäten, die den Bedürfnissen des Nutzers zukommen, erfordert der effektive Einsatz der EDV-Systeme spezielle Aufmerksamkeit.

7. Besonderheiten der problemorientierten Programmierungssprachen

In der PPS müssen neben den fachbezogenen Aspekten ebenso die Leistungsmöglichkeiten der EDV-Systeme zur Wirkung gebracht werden. Daraus resultieren zum Teil neue Entwicklungstendenzen, die bei natürlichen Sprachen kaum sichtbar waren. Beispielsweise entwickelten sich Fachsprachen durch Präzisierung und Ergänzung von Begriffen und Konstruktionen aus Umgangssprachen heraus, sie bildeten Spracherweiterungen. Im Bereich der PPS erweist sich deren Definition und Implementierung mit Bezugnahme auf schon erprobte und implementierte EDV-Sprachen, die dabei selbst ungeändert bleiben, als flexibler und einfacher [26], [35]. Ein besonderer Vorzug ist die bequeme Veränderbarkeit der Definition und Implementation der PPS während der Entwicklungsphase. Auch damit ist die Anpassung der EDV-Sprachen an neue Erkenntnisse gesichert und es gilt das Entwicklungsgesetz der unsymmetrischen Opposition (These 7). Diesen Erfahrungen entspricht

These 8: *Die Definition einer PPS erfolgt zweckmäßigerweise durch Metasprachen bei Bezugnahme auf geeignete, implentierte Referenz- und EDV-Steuersprachen (nach These 5); dies gestattet flexiblere Anpassung an die Fachsprache und vollständigere Integration der EDV-Systemkomponenten als eine einfache Spracherweiterung*[4] *(eine 2. Möglichkeit). Zudem führt die Metasprache (oder -sprachen) auf höherer Sprachebene zu einer Vereinheitlichung.*

---

[3] Als Beispiel hierfür können Standards angesehen werden. Sie stehen immer am Ende einer Entwicklung und überholen sich nach einiger Zeit, sie sterben aus.

[4] Solche können im Metasprachkonzept durchgeführt werden, ohne daß aber der zugehörige sprachliche Mechanismus in der zur erweiternden Sprache enthalten sein muß. Das Metasprachkonzept besitzt als „Spracherweiterung von außen" alle Vorteile einer PPS (vgl. Abschnitt 9.1.).

Die Verwendung definierender Metaprogrammierungssprachen (vgl. auch 9.1.) bewirkt so eine notwendige Integration im Bereich einer Vielzahl von PPS. Gleichzeitig wird damit der langsameren Veränderung von Umgangssprachen (vgl. These 1), denen hier die Bezugs-Programmierungssprachen entsprechen, Rechnung getragen. Insgesamt bedingt das eine Aufwertung der Bezugssprachen, deren Pflege und gegegenseitige Verträglichkeit als integrierende Elemente verstärkt werden müssen. Gleiches gilt auch für EDV-Steuersprachen (Job- und Dialogsteuerung, Dateizugriffe usw.), mit denen die Leistungen der EDV aufgerufen werden. Die Verwendung umfassender, aber im Einzelfall uneffektiver Betriebssysteme muß durch spezielle, baukastenförmig und sprachlich gefaßte Zugriffsmöglichkeiten zu den Rechnerressourcen ersetzt werden (vgl. auch [17], [24], [48]). Dieser sprachlich motivierten Forderung zur Anpassung der EDV-Steuersprachen an den Einsatzbereich entspricht dem gerätetechnisch orientierten Trend zur Arbeit mit persönlichen virtuellen Maschinen.

Aus der Anwendung der PPS in der Entwurfsphase der EDV-Einsatzvorbereitung ergeben sich weitere Bedingungen: Der Nutzer wird die Bearbeitung zunächst immer grob-blockmäßig beginnen und erst später detailliertere Festlegungen anschließen wollen [42], [58], [63], Top-Down und Bottom-Up-Entwicklungsstrategien[5] und die Einbeziehung von bekannten Lösungsansätzen müssen unterstützt werden. Wesentliche Forderungen hieraus werden zusammengefaßt zu

These 9: *Höhere PPS berücksichtigen die stufenweise Entwicklung der darzustellenden und zu lösenden Einzelaufgaben. Neben üblichen deskriptiven Komponenten gehören dazu abstrakte Objekte (mit zunächst axiomatischer Charakterisierung), Module und Dialogtechniken zur Kommunikation mit dem gesamten EDV-System.*

Diese Aussagen korrespondieren dabei mit den Aussagen der These 1. Auch bei der Bearbeitung von Einzelaufgaben müssen die Darstellungs- und Erkenntnisprozesse in engem Zusammenhang vorangetrieben werden, was hier in einer übersichtlicheren stufenweisen Entwicklungsarbeit zum Ausdruck kommt. Diese Vorgehensweise hat sich im Bereich der modernen Mathematik schon lange bewährt: axiomatisch eingeführte Objekte und zugehörige Beziehungen gestatten oft bereits einen tiefen Einblick in die damit charakterisierten Strukturen, bevor weitere Interpretationen und Bezugnahmen auf konkrete Gegenstände anschließen. Die Gruppentheorie und ihre Anwendung etwa auf geometrische Objekte sind hierfür typisch (zum modernen Aufbau der Mathematik vgl. [47]).

Die bereits im Abschnitt 2 als moderne Sprachelemente hervorgehobenen abstrakten Datentypen [18], das SIMULA-Klassenkonzept [16], Module [41] u. a. liefern Ansatzpunkte für die Realisierung dieser Wünsche. Auch externe Prozeduren, deren Parameter und Bedeutung in einem Programm zunächst nur spezifiziert und beschrieben werden, stellen elementare Entwicklungsstufen in dieser Richtung

---

[5] Vgl. Fußnote 1.

dar. In letzter Konsequenz führt das in These 9 formulierte Entwicklungsprinzip auf der Grundlage einer gemeinsamen Referenzsprache zu einem hierarchischen Sprachaufbau und -einsatz. Eine solche Stufung fördert dabei die Dialogfähigkeit, die Programmkontrolle und Ausbaufähigkeit der PPS-Programme und führt zu sachgerechten Strukturierungen und inhaltlicher Konzentration. Die Basis- und Referenzsprachen gemäß These 8 müssen als Bezugsebene der PPS alle diese Anforderungen günstig beeinflussen und anleiten:

These 10: *Programmier- und EDV-Steuersprachen als Bezugssprachen (oder Bündel solcher) entsprechend Thesen 5 und 8 sollen die Konstruktion wohlstrukturierter Zielprogramme betont fördern (damit Tests und Fehleruntersuchungen erleichtern [21], [51]) sowie den einfachen Zugriff zu allen EDV-Systemkomponenten und -leistungen gestatten (Parallelarbeit, Laufzeitbeeinflussung, Dialog, Dateien, Dokumentation). Diese Bündel von Bezugssprachen haben eine starke Integrationsfunktion im EDV-System.*

In Abbildung 5 wird die differenzierende Wirkung der PPS und die Zerlegung des Betriebs- und des gesamten EDV-Systems in Moduln schematisch dargestellt. Die Definition und Implementation der PPS mittels Metasprachen bei Bezugnahme auf Gruppen von Referenzsprachen, die sowohl Programmierungs- als auch EDV-Steuersprachen enthalten, bewirkt andererseits eine notwendige Integration im Sprachsystem.

8. Die PPS als Grundlage der EDV-Einsatzvorbereitung

Die vorangegangenen Darlegungen bestätigen sowohl aus sprach- und erkenntnistheoretischer Sicht als auch aus dem Vergleich mit den praktischen Anforderungen und den Erfahrungen bei der Entwicklung von Programmierungssprachen: Problemorientierte Programmierungssprachen sind fachlich (inhaltlich!) orientierte G r u n d l a g e n für die Problembeschreibung und EDV-Einsatzvorbereitung, mit der auch die EDV-Systemkomponenten in erforderlichem Umfang bereitgehalten werden. Zusammen mit stilistischen, Anordnungs- und Zerlegungsregeln ergeben sich damit Leitlinien für die Erfassung der Einzelaufgaben einer Problemklasse. Diese wirken naturgemäß um so strenger, je kleiner die Klasse gewählt wurde — als Grenzfall könnte sie mit einem festen Programm ausgeschöpft werden, in dem nur einige Parameter innerhalb vorgegebener Grenzen variieren dürfen.

Die sprachlich geführte EDV-Projektierung wird schrittweise zu einer Technologie. Diese aus den theoretischen Überlegungen der vorangegangenen Abschnitte entnommene Aussage korrespondiert mit den im Abschnitt 3 genannten Aufgaben, die eine Ausbaufähigkeit der Programme betont fordern (wie auch [61]), und mit den Bedingungen einer systematischen EDV-Einsatzprojektierung [22]. Die Stellung der PPS nach Abbildung 4 entspricht völlig den in Abbildung 3 vermerkten

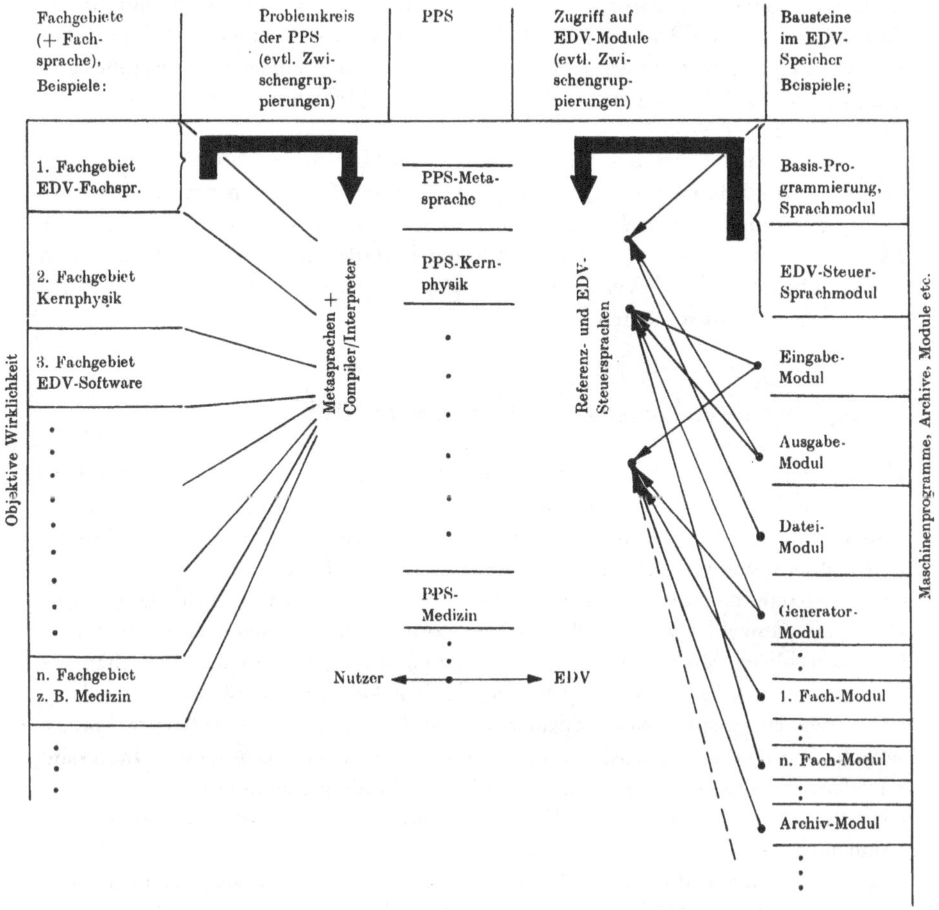

Abb. 5 Differentiations- und Integrationseffekte in sprachlicher Ebene (schematisch)

Zielvorstellungen über eine entwickelte sprachliche Basis. Die bereits im Abschnitt 1 erwähnten Fortschritte bei der Entwicklung von Programmierungssprachen erhalten hier im Zusammenhang mit den PPS nach den Thesen 5, 9 und 10 ihren eigentlichen hohen Stellenwert. Das gilt sowohl für stilistische Komponenten, bei denen beispielsweise wohlstrukturierte Darstellungen erzielt werden sollen [19], [20], als auch für inhaltliche Entwicklungen, etwa durch den Ausbau deskriptiver Sprachelemente mit der Einführung abstrakter Datentypen usw. [7], [18]. Dabei behalten diese Entwicklungen auch bezüglich der konventionellen universellen Programmierungssprachen ihre Bedeutung, da diese als Bezugssprachen im Sinne von These 10 genutzt werden können. Allerdings muß hierzu beachtet werden, daß dem Ersatz dieser Sprachen durch äquivalente das nach These 7 geltende Gesetz der unsymmetrischen Entwicklung entgegensteht und daß sich eine Evolution der Grundsprachen nach These 1 nur relativ langsam vollzieht. Das wird bei einfachen Codierungssprachen noch deutlicher, da sich damit im Rahmen der Gesamtleistungen für die EDV-Einsatzvorbereitungen maximal 20% der Aufwendungen beeinflussen lassen (vgl. Abb. 2).

Insgesamt muß festgestellt werden, daß die im Bereich der natürlichen Sprachen und der darauf basierenden „Literatur" wirksamen Gesetze immer stärker auch bei Programmierungssprachen und Programmen zur Funktion kommen (vgl. auch Abschnitt 1). Es machen sich in Abbildung 4 verdeutlichte Parallelen zwischen menschlichem und EDV-Verhalten bemerkbar, die bei der weiteren Entwicklung berücksichtigt werden müssen.

9. Experimente und praktische Erfahrungen mit PPS

Eine systematisch auf der Sprache als Fundament aufgebaute und durch PPS geleitete Programmierungstechnologie existiert zur Zeit noch nicht. Sprachen werden bisher als Hilfen, aber nicht als grundsätzlicher Leitfaden für die Problemerfassung und Aufbereitung angesehen. Diese Einschätzung wurde auch in einer Auswertung der ECI-Konferenz über Programmierungstechnologie 1978 in Venedig bestätigt [10], [37]. Obwohl etwa 60% der Beiträge zum Konferenzthema ihre Intentionen über sprachliche Mittel realisieren, wird deren prinzipielle Bedeutung selten bemerkt und kaum ausgenutzt. Dabei wird ein dem Anwender verständlicher und seinen Aufgaben entsprechender Zugang zu EDV-Programmen als wichtigste Voraussetzung für den Erfolg eines Informationssystems durchaus erkannt! Insgesamt erfordern die Zusammenfassung, Hervorhebung und Ausnutzung der sprachlichen Grundlagen des gesamten EDV-Einsatz-Projektierungsprozesses noch ein völliges Umdenken.

Trotzdem lassen sich in der Literatur manche Beispiele finden, in denen sich diese notwendige Entwicklung andeutet (vgl. [36]). Mit einigen Einschränkungen kann hier für den Bereich der kommerziellen Aufgaben COBOL genannt werden, das noch stark imperativ orientiert ist. Ein günstigeres Beispiel wird unter 9.3 vorgestellt. In 9.1 und 9.2 werden Ergebnisse von Experimenten zur Förderung dieser Entwicklung diskutiert, deren Grundlagen in der Literatur verfolgt werden können. Abschnitt 10 behandelt dann schließlich das vorläufige Resultat eines noch nicht abgeschlossenen Großversuchs. Dabei wird auch der für viele Anwendungen interessierende sehr deskriptive Charakter der PPS wenigstens an Hand eines Beispiels vorgestellt. Es wird in jedem Falle im Einsatzgebiet eine Steigerung der Arbeitseffektivität um den Faktor 5 erreicht und damit die im Abschnitt 2 bemerkte „Erfolgsbarriere" übersprungen.

9.1. *Die Metasprache DEPOT-MS als PPS*

Zur Definition und automatischen Implementation von Spezialsprachen und zur Erprobung von PPS und ihrer Wirksamkeit wurde an der Sektion Mathematik der Technischen Universität Dresden unter Leitung des Verfassers ein entsprechendes Fachsprachensystem DEPOT entwickelt [8], [31], [40], das jetzt in drei Versionen für die Rechenanlagen BESM 6 und ESER im DOS und OS-Betriebssystem zur Verfügung steht. Die Definition der spezialisierten Sprachen erfolgt in einer Metasprache DEPOT-MS, wobei die Sprachsyntax mit funktionell und attributiv angereicherten Produktions- und Transformationsregeln und die Semantik mit Bezug auf eine frei wählbare Ziel-Programmierungssprache berücksichtigt werden. Als letztere werden z. Z. BESM-ALGOL, PL/1, PASCAL oder auch Assembler bevorzugt, für die z. T. sehr gute Compiler vorliegen. In sprachlicher Fassung werden dabei zahlreiche Leistungen des EDV-Systems in die DEPOT-Metasprache und in das Fachsprachensystem DEPOT insgesamt eingebracht. Das sind beispielsweise elementare Wortbildungsfunktionen, ganze Sprachelemente, Bezeichnungsgeneratoren, Mengenbildungen, Listenführungen und Testhilfen verschiedenster Art. Damit erweist sich DEPOT-MS als typische PPS. Obwohl die zu definierende Sprache prinzipiell keinen Einschränkungen unterliegt, wird durch DEPOT-MS der Sprachentwurf selbst angeleitet, ebenso wirkt eine für die Aufgabenstellung günstig gewählte Bezugssprache. Dazu kommen aus der Erfahrung der EDV-Spezialisten auch noch „stilistische Regeln", die sich auf den erzielten Sprachaufbau auswirken. Aus der Sprachdefinition leitet das Fachsprachensystem DEPOT vollautomatisch den Übersetzer her, mit dem jedes Programm der zuvor definierten Spezialsprache über ein Zwischenprogramm in der gewählten Bezugssprache zur Ausführung im Maschinencode ungesetzt wird.

Das gesamte System DEPOT wurde in etwa 50 Einsatzfällen bei der Implementation von Spezialsprachen verschiedenster Art und unterschiedlicher Länge von einer größeren Zahl von unabhängigen Nutzern getestet und angewandt, so daß sich gesicherte Aussagen über die erzielten Ergebnisse treffen lassen. (Zwei Beispiele werden anschließend in 9.2. und 10. genauer vorgestellt, sonst sei auf [8], [35] verwiesen.) Der Aufwand gegenüber herkömmlichen Sprachdefinitions- und Implementationsmethodiken reduziert sich nach einheitlicher Erfahrung um 80—90%. Außerdem läßt sich damit die Entwicklung einer Sprache bequem auch nachträglich fortsetzen, ändern oder ergänzen. Der Rationalisierungseffekt überschreitet bei DEPOT-MS deutlich die früher konstatierte Einsatzbarriere. Außerdem fördert die Metasprache entsprechend These 8 die Durchsetzung einer progressiven PPS-Einsatz-Technologie.

9.2. *PROPAL, eine PPS für Prozeßsteuerungsaufgaben*

In einer Dissertation [26] wurde von einem Regelungsspezialisten in der Industrie auf der Grundlage von PASCAL eine PPS PROPAL für die Prozeßsteuerung entwickelt und implementiert. Dabei konnten bei Bewahrung der einfachen Struktur der Grundsprache alle inhaltlichen und darstellerischen Wünsche der Regel- und Steuerungstechnik berücksichtigt werden. Hier zeigten sich sehr klar die Vorteile des File-Konzepts von PASCAL, das in vielfältiger Form für einen sprachlichen Überbau genutzt werden konnte. Obwohl eigentlich für räumlich gedachte Folgen angelegt (z. B. für Magnetbandarbeit), lassen sich damit auch sehr homogen zeitlich gestaffelte Folgen einordnen, die bei der Meßwertfassung und Befehlssteuerung eine entscheidende Rolle spielen. Die notwendigen Echtheitkomponenten und Organisationshilfen wurden in PROPAL durch Bezugnahme auf ein vorhandenes Betriebssystem eingebracht (z. T. durch das ESKO-4200-Echtzeitsteuerprogrammsystem mit Programmauslagerung auf Trommel der Robotron-Rechnerfamilie 4000 [2]). Die Definition und Realisierung der PPS PROPAL erfolgte mit dem Fachsprachensystem DEPOT (vgl. 9.1.) unter Bezugnahme auf die Assembler-Zielsprache des Rechners KRS 4200, die auch mit der ESKO-4200-Implementation verträglich ist. (Implizit wurde damit auch für die Hauptteile von PASCAL ein lauffähiger Cross-Compiler bereitstellt.) Das DEPOT-Implementierungssystem gestattet dabei den mühelosen Übergang auch zu den anderen Echtzeitbetriebssystemen und -komponenten (obwohl die hierin liegenden Möglichkeiten vom Autor von PROPAL noch keineswegs ausgeschöpft wurden) sowie die Einbeziehung schon vorhandener, aber in anderen Sprachen geschriebener Regelungs- und Steuerungsprogramme. Insgesamt ergibt sich für PROPAL eine ausgezeichnete Integrationsfähigkeit und eine fast nahtlose Einbeziehung in ein vorhandenes EDV-System. Diese Vorzüge wurden bei einer nachträglichen Weiterentwicklung des ersten realisierten PROPAL-Subsets, z. B. bezüglich der Verwendung gepackter Daten und Indexlinearisierung, vollauf bestätigt.

Bereits bei ersten Entwurfsarbeiten umfangreicher Regelungs- und Steuersysteme konnten vom Verfasser 50–80% Einsparungen gegenüber dem sonst üblichen Aufwand erreicht werden, die durch Wegfall der ursprünglich anschließenden Programmkodierung noch aufgewertet werden. Die sprachliche Fassung der Aufgaben sichert weiterhin eine Allgemeinverständlichkeit der Programme für den Regelungs- und Steuerungstechniker, die gerade im Hinblick auf die in der Praxis oft anstehenden Weiterentwicklungen der Prozeßsteuerungssysteme einen fast unschätzbaren Vorzug bedeutet.

Bei diesen Entwicklungen wurden die Vorteile von PASCAL als Bezugssprache deutlich sichtbar. Auf Grund dieser Erfahrungen wurde auch im Bereich unserer polygraphischen Industrie und ihrer Aufgaben eine PPS definiert, die wie PROPAL auf PASCAL aufbaut und jetzt mit dem Fachsprachensystem DEPOT analog zu PROPAL implementiert wird.

9.3. *Die sprachlich gestützte Entwicklung eines EDV-Steuersystems*

Die in der Literatur gut zugänglichen Arbeiten von Brinch Hansen [11], [12] zur sprachlich gestützten Entwicklung eines speziellen Betriebssystems und seiner Steuersprache können als weiteres Beispiel für die Leistungen einer PPS gewertet werden. Hierbei wurde PASCAL wohl erstmals analog zu 9.2. wegen seiner dort herausgestellten Vorzüge und auch zufolge der möglichen rekursiven Arbeitsformen und seines gut übersehbaren Verweiskonzeptes eingesetzt. Die notwendige Erweiterung wird als CONCURRENT PASCAL bezeichnet und kann als PPS für die Definition und Implementation von EDV-Steuerungen angesprochen werden. Nach [17] und auch entsprechend eigener Beobachtungen an KRS- und ESER-Betriebssystemen erbringt ein spezielles Operationssystem, das an die jeweiligen Erfordernisse der zu bearbeitenden Aufgabenklasse (z. B. Ausbildung, kernphysikalische Betrachtungen, Echtzeitsimulation usw.) angepaßt ist und Überladenheit vermeidet, Leistungssteigerungen der Anlagen um über 100%. Das entspricht auch dem Trend zur Arbeit mit persönlichen „virtuellen" Maschinen und rechtfertigt so die Bereitstellung verschiedener Betriebssysteme bzw. von Hilfsmitteln zu deren Entwicklung.

In CONCURRENT PASCAL wird die Basissprache vor allem durch ein sehr flexibles Konzept abstrakter Datentypen erweitert, die als „class", „monitor", „process" bezeichnet werden. Damit können gewisse Datenstrukturen als Trägermengen, Relationen und Operationen darüber im Sinne einer Algebra oder algebraischer Strukturen zu einer Einheit zusammengefaßt und verwendet werden. Schon zur Compile-Zeit oder spätestens bei Ausführung der Programme wird automatisch die Zulässigkeit der auftretenden Operationen bezüglich der jeweiligen Umgebung geprüft und ein Mißbrauch verhindert. Dabei gestatten die Strukturen „process" auch eine Parallelarbeit, die vom „monitor" synchronisiert und mit Daten versorgt wird. Das „class" Objekt hat einen analogen, aber weiter eingeschränkten Anwendungsbereich. Insgesamt wird damit die notwendige Datensicherung, die Parallelarbeit und Unterbrechungssteuerung (für Geräte- und Programmtechnik) im Betriebssystem verwirklicht. Aus diesem Grunde kann CONCURRENT PASCAL auch als PPS für diesen Einsatzbereich gelten, obwohl es hierfür insgesamt noch zu breit angelegt sein dürfte.

Die Ergebnisse, die Brinch Hansen mit diesen Mitteln bei der Entwicklung eines Betriebssystems SOLO für die Rechenanlage PDP 11/45 erreicht hat, sind bemerkenswert. In sprachlicher Fassung werden in Solo die Ein-, Ausgabe, Speicherzuteilung, Parallelarbeit, Jobstrom- und Programmabarbeitung, die Datenverwaltung und -sicherung mit Katalogführung, der Zugriff zu allen peripheren Geräten und Speichern, die Compiler-, Interpreter- und Programmladearbeiten, Fehlersuche und -behandlung, Redigierungs- und Protokollarbeiten u. a. m. intensiv unterstützt.

Das komplette Betriebssystem enthält 110 k Maschinenbefehle, so daß bei gewöhnlichem Vorgehen mit einer Entwicklungszeit von 10—20 Mannjahren gerechnet werden müßte. Tatsächlich waren für den Aufbau, die Austestung einschließlich der Herstellung aller benutzten Compiler insgesamt nur 1.5 Mannjahre erforderlich. Das sind nur 10% der zuvor abgeschätzen Leistungen. Die Sprache PASCAL wurde für 92% der Arbeiten, CONCURRENT PASCAL-Zutaten und manuell hergestellte Befehlslisten nur für je 4% eingesetzt.

Auch hier bestätigte sich der Vorteil einer problemangepaßten sprachlichen Basis gemäß These 9, 10 für die Entwurfsarbeiten, wobei der Effektivitätsgewinn mit einem Faktor 10 sehr hoch liegt. Dabei sei noch bemerkt, daß in der angegebenen Entwicklungszeit auch noch Untersuchungen zur Auswahl und Optimierung von Programmteilen durchgeführt wurden und somit die erreichte Qualität des Betriebssystems SOLO als sehr gut eingeschätzt werden kann.

10. Die sequentielle Datenverarbeitung im Verwaltungsbereich

Das folgende Beispiel wurde ausdrücklich im Hinblick auf das in dieser Arbeit verteidigte Konzept einer sprachlich geleiteten EDV-Einsatzvorbereitung ausgewählt und seine Lösung in Angriff genommen. Daher soll wenigstens an einem Musterprogramm der Aufbau der entwickelten PPS namens DVZL vorgestellt werden, die durch ihren deduktiven Charakter eine Sonderstellung einnimmt und die Überlegungen zu These 9 unterstreicht. (Bisher ist DVZL nur in einem internen Bericht [44] zugänglich.) Gemeinsam mit Anwendern in der Industrie der DDR wurde eine geeignete Problemklasse bestimmt, die weitverbreitete Dienstleistungsaufgaben in Rechenzentren des Handels- und Verwaltungsbereiches erfaßt. Es sind Aufgaben, die mit der Abarbeitung geordneter Karteien in Verbindung stehen, bei denen allerdings jedes Einzel-Karteiblatt selbst wieder auf eine andere Kartei (Datei) hinweisen kann. Außer dem fachlichen Zuschnitt wird von der PPS verlangt, daß ein leicht übersehbarer Programmaufbau eine gesonderte Dokumentation und Erklärung überflüssig macht und zudem für die Programme günstige Laufzeiteigenschaften erreicht werden können.

Von Pätzold [44] wurde für diesen engen Anwendungsbereich, der im Hinblick auf die Effektivität der Programme auch nicht erweitert werden darf, eine PPS von deskriptivem Typ entworfen. Hieraus muß der Übersetzer die schließlich benötigte imperative Befehlsfolge ableiten. Bereits in der Phase der Aufgabenbeschreibung konnte mit dieser PPS eine bedeutende Effektivitätssteigerung erreicht werden, die sich in einer Verringerung des Dokumentationsumfanges um etwa 60% ausdrückt.

Für den Spezialisten sei darauf hingewiesen, daß die vorgestellte, aber vorläufige Sprachversion zum Teil in Anlehnung und andererseits wieder im Gegensatz zu den bekannten Sprachkonzepten SQUARE [9], SEQUEL [14] und Datenmodellen nach CODASYL [59] entstanden ist. Ausschlaggebend für die Wahl der Sprachelemente war in jedem Fall die Anpassung an die vorgelegte Aufgabenklasse und die vorhandenen Sprach- und Denkmodelle der Nutzer. Die Einbettung der DVZL-Programme in andere, stärker anweisende Sprachen wie PL/1 wird durch externe Funktionen erleichtert, die außerhalb definiert und abgearbeitet, aber in der DVZL-Sprache aufgerufen werden können. Damit lassen sich z. B. Neuordnungen und Ergänzungen von Dateien erledigen. Die Bezugnahme auf verschiedenartige Realisierungen der benötigten Dateien (auf Magnetband, -platte und mit Operationsspeichern verschiedensten Umfanges) soll durch einen Prolog vor dem DVZL-Programm durch den EDV-Spezialisten ermöglicht werden, der aber für den Nutzer irrelevant ist und demzufolge nicht zur PPS gerechnet wird. (Hierzu sind noch Diskussionen im Fluß.)

Der Übersetzer zur Sprache DVZL wird mit Bezugnahme auf das Assemblerniveau als Zielsprache auf der Basis des Fachsprachensystems DEPOT (vgl. Abschn. 9.1.) automatisch hergestellt. Diese Arbeiten sind noch nicht abgeschlossen, trotzdem kann mit einer der Handprogrammierung entsprechenden Qualität gerechnet werden.

Als Beispielaufgabe wird im folgenden für eine Gruppe von Betrieben die Ausfertigung einer Lohnliste mit Lohnscheinen und der Betriebsabrechnung beschrieben. Eingangsdaten liefert eine Personal-Stammdatei und eine Bewegungsliste für die Leistungen jedes Mitarbeiters. (Dieses Beispiel entstand durch radikale Reduktion einer Praxisaufgabe.) Von externen Funktionen abgesehen, treten hierhin alle wichtigen Sprachelemente wenigstens in rudimentärer Form auf.

Vorbemerkungen zum Programm für die Lohnberechnung

Als Bezugspunkt für Kommentare wurden einige Zeilen durch Nummern gekennzeichnet. Die Erläuterungen selbst werden hier neben dem Programm angeschrieben, da sie für den mit DVZL vertrauten Nutzer nicht nötig sind und nur die Übersicht im Programm versperren. Als Abkürzungen werden verwendet:

NR = Betriebsnummer,
SB = steuerbegünstigter Lohnbetrag
KENNR = Personen-Kennummer,
NS = nicht steuerbegünstigter Lohnbetrag.

Kommentare:

Innerhalb der Folge der Vereinbarungen und Anweisungen ist die Reihenfolge ohne Relevanz.

Die in Z. 1[6] vereinbarten Variablen dürfen in Anweisungen nie rekursiv verwendet und nur einmal mit Werten belegt werden. Erst die Wertezuweisung bestimmt den Typ (für X, Y in Z. 15).

---

[6] Z. n kürzt ab: Zeile Nummer n.

Sequentielle Dateien werden als *input* oder *output file* durch ihren Namen und ihren Aufbau definiert (z. B. Z. 2,6). Bausteine sind Dateien (vgl. Z. 6, wo LISTE, BETRIEB, LOHNSCHEIN geschachtelt sind) oder schließlich *records*, die als *record class* durch Benennung (oder Belegung) ihrer Felder festgelegt werden (z. B. Z. 3, mit Feldern NR und KENNR). Der Typ des Feldes wird durch z. B. Nn (n Dezimalziffern), Cn (n Zeichen), Pn.m (n Ziffern vor, m nach Dezimalpunkt) festgelegt.

Bezeichnungsfolgen werden abgekürzt: P^n steht für PP . P (n-mal, $n \geq 0$), $P^1 \cdots$ für P... (mindestens 1mal) (vgl. Z. 2).

In Dateivereinbarungen können hinter *assume* (ungeprüft) Voraussetzungen aufgelistet sein (vgl. Z. 2: Ordnung nach aufsteigender NR und KENNR). Check prüft Bedingungen und schreibt Reaktionen vor (Z. 5: $1 \leq NR \leq 15$, sonst Rechenabbruch *stopr*).

Auf Dateien, Records, Felder wird durch Namen zugegriffen, die ggf. gereiht werden (so kennzeichnet STAMM. NAME Personennamen in Records der Stamm-Kartei; LISTE. LOHNSCHEIN.AKTIVITAET.AUFTRAG Auftragsbezeichnungen (nach Z. 5 mit 3 Zeichen) aus den AKTIVITAET-Blättern der LOHNSCHEIN-Unterdatei der LISTE. Letzteres könnte durch LISTE.AUFTRAG abgekürzt werden, da das Objekt weiterhin eindeutig bestimmt bleibt (der AUFTRAG kommt in der LISTE nur in der Unterliste LOHNSCHEIN.AKTIVITAET vor). Ebenso genügt in Z. 13 die Bezeichnung DATUM für das erste variable Feld des Records LISTE.KOPF, das hier mit Werten versorgt wird.

Funktionen können ggf. auf die letzte Bezeichnungskomponente des Operanden bezogen werden (vgl. Z. 16: SUM(BEWEGUNG.NS) = BEWEGUNG.SUM(NS)).

Wichtiges Hilfsmittel ist die Zusammenfassung von Dateiteilen zu Gruppen und der Bezug der zugehörigen Anweisung (auch Verbund) auf alle Gruppenmitglieder. In Z. 11 werden in den Dateien STAMM und BEWEGUNG zu Betrieben (gegebener Nummer) gehörende Records zusammengeschlossen und ab Z. 12 in auf Personen bezogene (KENNR)-Untergruppen aufgeteilt. Die Anweisung der Z. 15 bezieht sich auf alle Records „BRUTTO-LOHN" der BEWEGUNG-Datei, die zu jeweils fester Betriebs- und Personenkennzahl gehören.

Bei Summenbildung SUM(Y) in Z. 16 werden alle zuvor in der gleichen (Verbunds-) Anweisung berechneten Werte von Y (Z. 15), d. h. für jeden Rekord der Bewegungsdatei, erfaßt. Analog erreichen die Summen in Z. 17 alle Beträge für einen Betrieb.

Anweisungen können sich auf Rekords beziehen, deren Name links vom Ergibtzeichen := steht. Deren noch nicht mit Konstanten belegten Felder werden der Reihe nach mit den Werten der durch Komma getrennten Objekte der rechten Seite belegt (vgl. Z. 15, 16, 17). Bei Verwendung von Feldbezeichnungen gilt diese (z. B. übernimmt in Z. 13 zufolge DATUM = DATE das DATUM-Feld die Tagesbezeichnung von der globalen Variablen DATE).

```
      begin
 1    variable X,Y,A,B,R,S;
 2    input file STAMM:=:PERSON¹··
      assume STAMM sorted up (NR, KENNR);
 3    record class PERSON:=: (N4 NR, N4 KENNR, C15 NAME);
 4    input file BEWEGUNG:=:BRUTTOLOHN¹··
      assume BEWEGUNG sorted up (NR, KENNR):
 5    record class BRUTTOLOHN:=:(NR, KENNR, C3 AUFTRAG,
                                 P6.2 NS, P6.2 SB)
      check NR ∈ (1:15): 'NR□FALSCH':   stopr;
 6    output file LISTE:=:BETRIEB¹··¹⁵,
              BETRIEB:=:   LOHNSCHEIN¹..KUMULATION,
              LOHNSCHEIN:=:  KOPF    AKTIVITAET¹··
                                 VERDIENST
              pagehead KOPF;
 7    record class KOPF:=:('LOHNSCHEIN□²', C3 DATUM,
                      line, NR, KENNR, NAME, line);
 8    record class AKTIVITAET:=:(AUFTRAG, '□²', NS'□²', SB, line);
 9    record class VERDIENST:=:(P7.2 SUMNS, '□', P7.2 SUMSB,
                               '□', P8.2 TOTAL, page);
10    record class KUMULATION:=:('LOEHNE□', NR, DATUM, line,
              P10.2 GESNS, P10.2 GESSB, P11.2 GESAMT, page);

(Vereinbarungen)

11    BEWEGUNG, STAMM group by NR:
      begin
12      BEWEGUNG, STAMM group by KENNR:
        begin
13        LISTE.KOPF:=DATUM=DATE, NR, KENNR,
                      STAMM.NAME;
14        BEWEGUNG group by:
15        LISTE.AKTIVITAET:=BEWEGUNG.AUFTRAG,
                       (X,Y) =BEWEGUNG.(NS, SB);
16        LISTE.VERDIENST:=A=BEWEGUNG.SUM(NS),
                      B=SUM(Y), A+B
        end;
17      LISTE.KUMULATION:=NR,  DATE,  R=SUM(A),  S=SUM(B),
                      R+S
      end

(Anweisungen)
```

Mit diesen Kommentaren kann das o. a. Programm bereits verstanden werden: es wird für jeden Betrieb (vgl. äußersten Anweisungsverbund) die nach Personenkennzahlen geordnete Liste der Lohnscheine (der LISTE) mit jeweils anschließenden Aktivitäts- und Verdienst-Rekords (innerer Anweisungsverbund) hergestellt und in Z. 17 die Gesamtlohnzahlung des Betriebes ermittelt. Die Liste kann für jeden Betrieb ausgedruckt werden. (Das Druckschema gliedern übliche Abkürzungen *line*, *page* und □ für Zeile, Blatt und Zwischenraum. Der Hinweis *pagehead* in Z. 6 schiebt bei Blattwechsel eine neue Seitenüberschrift ein.)

11. Zusammenfassung und Schlußfolgerungen

Ausgehend von der Sprache als Grundlage der menschlichen Erkenntnis und als Voraussetzung überlegter Handlungen werden in diesem Zusammenhang auch die Leistungen der EDV einbezogen. Dabei erweisen sich (nutzer- und) problemorientierte Programmierungssprachen, bei denen die Erfahrungen eines Fachgebietes z. T. mathematisch aufbereitet und mit einer sachgerechten Bezugnahme auf die EDV in sprachlicher Form reflektiert und bereitgestellt werden, als effektive und unersetzbare Träger und gleichzeitig als Werkzeuge der EDV-Einsatzvorbereitung. Während Nutzer-Fachmann und EDV-Spezialist gemeinsam semantikbezogen diese problemorientierte Sprache und evtl. stilistische und andere Darstellungsregeln erarbeiten, wird die einzelne Aufgabe auf dieser Basis vom Anwender selbst erfaßt, analysiert und rechnergestützt für die Lösung vorbereitet. Die Maschinencodierung und Bearbeitung der fachgerechten Aufgabenbeschreibung übernimmt der Automat. Insgesamt mündet dieses Vorgehen in eine sprachlich angeleitete EDV-Projektierung. (Besser kann hier wieder von einer EDV-Programmierung in höherem Sinne gesprochen werden.) In Zukunft werden in diesem sprachlichen Aufbau schrittweise Komponenten einer künstlichen Intelligenz wirksam werden.

Im vorliegenden Beitrag wird diese Grundposition aus wissenschaftstheoretischer Sicht unter Berücksichtigung der sichtbar gewordenen Erfordernisse eines Systems-Engineering untermauert [23]. Es können daraus Schlußfolgerungen zum Aufbau der PPS und von Sprachhierarchien gezogen werden, in die sich moderne Entwicklungen bei Programmierungssprachen sachgerecht einordnen. Gleichzeitig erweist sich eine verstärkte Berücksichtigung psychischer und physischer Eigenheiten des Menschen als notwendig [30]. Sprachlich-bildliche Darstellungen und die Abkehr von zu stark linearisierten Formen können hierzu als Beispiel genannt werden.

Diese Untersuchungen lassen hervortreten, daß mit dieser Entwicklung eine unmittelbare Integration von Fachgebiet und EDV auf sprachlicher Ebene erreicht wird (vgl. Abb. 4). Orthogonal dazu ergibt sich durch eine Vielzahl von PPS eine sachgerechte Differenzierung, der wieder eine Integration durch Bezugnahme auf Basis-Referenzsprachen und EDV-Steuersprachen entgegenwirkt, die dazu möglichst untereinander verträglich sein sollten (vgl. Abb. 5). Auch diese Querverbindungen können durch die Bereitstellung von jeweils an größere Einsatzgebiete angepaßter kleinerer Gruppen von EDV-Steuersprachen und ganzer Sprachhierarchien effektiv gestaltet werden. Die Vielzahl von Einzelprogrammen, Modulen, Bilder und Strukturen aus der Ebene der EDV-Speicher wird damit zur konzentrierten und rationellen Arbeit im jeweiligen Fachgebiet zusammengefaßt. Unerheblich bleibt dabei, ob diese Bausteine in einer operativ zugänglichen oder in Mikroschaltungen festgelegter Form existieren. Ebenso gelten die vorgestellten Grundzüge in der modernen Mikroelektronik, die jedoch zu einem ausgewogenen Verhältnis von zentralen und dezentralen Leistungskomponenten und zu ökonomisch optimalen Lösungen führen muß.

Sämtliche Überlegungen wurden durch experimentelle Arbeiten und durch entsprechende Auswertung von Beispielen aus der Literatur abgesichert. Der dabei erreichte Effektivitätsgewinn bei der EDV-Einsatzvorbereitung entspricht den bekannten Verhältnissen zwischen Entwurfs-, Kodier- und Realisierungsphase bei der EDV-Projektierung. Es wird wiederum die früher bei Einführung von höheren Programmierungssprachen beobachtete Aufwandsreduktion um etwa 80% erreicht. Der systematische Ausbau und die Nutzung einer solchen mit PPS sprachlich geführten rechnergestützten EDV-Projektierung erweist sich als notwendige Entwicklung für den rationellen Einsatz der EDV. Sie ist gleichzeitig die Voraussetzung für die Integration aller Hilfsmittel der automatischen Informationsverarbeitung in den menschlichen Erkenntnisprozeß. Der Lösung der Vielzahl der mit dieser Fragestellung verbundenen Aufgaben muß auch die EDV-Praxis die gebührende Aufmerksamkeit widmen.

Literatur

[1] Albrecht, E.: Sprache und Philosophie, Berlin VEB Dtsch. Verl. d. Wiss. 1975.

[2] Autorenkollektiv: Problemorientierte Systemunterlagen-KRS 4200/4201 Prozeßsteuerung. VEB Kombinat Robotron Dresden.

[3] Baker, F. T.: Chief programmer team management of production programming. IBM System J., No 1, 1972, S. 56—73.

[4] de Bakker, J. W.: Semantics and the Foundation of Program Proving. Inf. Proc. 1977, North Holland 1977, S. 279—284.

[5] Balzert, H.: Vergleichende Betrachtung modularer Sprachkonzepte. Inf. Fachberichte, Vol. 12, Springer Verl. 1978, S. 45—72.

[6] Bauer, F. L. et al.: Towards a wide spectrum language.... Inf. Fachberichte, Vol. 12, Springer Verl. 1978, S. 72—85.

[7] Bethe, K.: Abstrakte Datentypen und ihre Spezifikation. Wiss. Z. TU Dresden 29 (1980), H. 2.

[8] Bormann, J., Lötzsch, J.: Definition und Realisierung von Fachsprachen mittels DEPOT. Diss. TU Dresden 1974, Sekt. Mathematik.

[9] Boyce, R. F. et al.: Specifying queries as relational expressions: SQUARE. Comm. ACM 18, H. 11 (1975), S. 621.
[10] Bracht, G., Lockemann, P. C. (ed.): Information Systems Methodology. Lect. Notes in Comp. Sc., Vol. 45, Springer Verl. 1978.
[11] Brinch Hansen, P.: The programming language CONCURRENT PASCAL. IEEE Trans. on Software E. 1, No. 2, 1975.
[12] Brinch Hansen, P.: The SOLO Operating System. Software Practice and Experience, Vol. 6, S. 141—149, 1978.
[13] Buchanan, J. R., Luckhang, D. C.: On automating the construction of programs. Memo AIM-236, Stanford A. I. L. 1974.
[14] Chamberlin, D. D. et al.: SEQUEL: A structured English query language. Proc. ACM 1974, SIGFIDET Workshop, S. 249—264.
[15] Dahl, O.-I. et. al.: Structured Programming. Genuys, F. (ed.), London: Academic Press 1972.
[16] Dahl, O.-I. et al.: SIMULA 67 Common Base Laguage. Norw. Comp. Centre Publ. Nr. S-2, 1968.
[17] Elzer, P. et al.: Real time laguages and operating systems. Digital Comp. Appl. to Process Control, Van Nauta Lemke (ed.), IFAC and North Holland Publ. (1977), S-2, S. 1—12.
[18] Guttag, J.: Abstract data types and the development of data structures. SIGPLAN/ SIGMOD Conf. on Data, SIGPLAN Notices 8. 2 (1976).
[19] Henderson, P. et al.: A tool for structured program development. Inf. Proc. 1974, Vol. 2, North Holland 1974, S. 204—207.
[20] Herrlich, O.: Methoden der Strukturierten Programmierung. RT/DV 13 (1976), 2. Beiheft, S. 2—6
[21] Hetzel, W. C.: Program Test Methods. Prentice-Hall, Inc. Englewood Cliffs, New Jersey 1973.
[22] Jackson, M. A.: Principles of program design. APIC Studies in Data Proc. 12, Acad. Press 1975.
[23] Jenkins, G. M. et al.: Systems-Engineering. Watts, London 1971.
[24] Jones, A. K.: The narrowing gap between laguage systems and operating systems. Inf. Proc. 1977, North Holland 1977, S. 869— 873.
[25] Křížková, H.: Privativnye oppozicii i nekotorye problemy analiza mnogočlennych kategory., travaux linguistiques de prague 1, Akademia Prague 1966, H. 1, S. 203—213.
[26] Lampe, J.: Definition und Implementation der problemorientierten Prozeßsteuersprache PROPAL. Diss. TU Dresden 1979.
[27] Langefors, B.: Analysis of User Needs. Lect. Notes in Comp. Sc., Vol. 65, Springer Verl. 1. Beiheft, 1978, S. 1—38.
[28] Lehmann, N. J.: Zur Bedeutung problemorientierter Programmierungssprachen. RT/DV 7 (1970), S. 34—35.
[29] Lehmann, N. J.: Probleme und Bedeutung von Programmierungssprachen. EIK 11 (1975), 4—6, S. 200—206.
[30] Lehmann, N. J.: Zu Kodierungsfragen und Typographie bei der IV. Wiss. Z. TU Dresden, 24 (1975), H. 5, S. 929—931.
[31] Lehmann, N. J.: Problem-oriented Languages and DEPOT Implementing System. Lect. Notes in Comp. Sc., Vol. 47, Springer Verl., S. 1—20.

[32] Lehmann, N. J., Stiller, G.: Methodische Aspekte der Entwicklung höherer Programmierungssprachen. RT/DV 13 (1976), 2. Beiheft, S. 7—10.
[33] Lehmann, N. J., Stiller, G.: Unterstützung von Programmentwurf und Programmtestung. Wiss. Z. TU Dresden 27 (1978), H. 6, S. 1135—1144.
[34] Lehmann, N. J., Pätzold, W.: Formalisierte Dokumentation zu EDVA. Wiss. Z. TU Dresden 25 (1976), H. 4, S. 777—784.
[35] Lehmann, N. J. (ed.): Report on the definition and implementation of spezialized languages. TU Dresden, Schriftenr. WBZ MKR/IV (1978), H. 38 (2 Teile).
[36] Lehmann, N. J.: Sprachlich geführte Programmierung. Wiss. Z. TU Dresden 28 (1979), H. 5, S. 1134—1140.
[37] Lehmann, N. J.: Interner Bericht über Information Systems Methodology, Venedig 1978, TU Dresden, Sekt. Mathem. 1878.
[38] Leibniz, G. W.: Philosophische Schriften. Herausg. C. I. Gerhardt Berlin 1875—1890.
[39] Macdonald, N.: Computer Programming Languages in Use in Business. Computer and people 1975, Vol. 24. 10, S. 22—24.
[40] Mager, K.: Anwenderbeschreibung DEPOT-OS/ES. VEB Kombinat Robotron, Preprint 1978.
[41] Maynard, J.: Modular Programming. London 1972.
[42] Mc Gowan, C. L., Kelly, J. R.: Top-Down-Structured Programming Technique. Mason/Charter New York 1975.
[43] Nassi, I. et al.: Flow chart techniques for structured programming. SIGPLAN Notices 8 (1973), S. 12.
[44] Pätzold, W.: Zur Rationalisierung im Datenverarbeitungszentrum. TU Dresden, Math./MKR, interner Bericht März 1979, 83.
[45] Reichel, H.: EPS-Entwurfprogrammiersprache. Schriftenr. WBZ MKR, TU Dresden, H. 12, 1978, S. 48—68.
[46] Schnupp, P.: Ist COBOL unsterblich? Inf. Fachberichte, Vol. 12, Springer Verl. 1978, S. 28—44.
[47] Schreiber, P.: Grundlagen der Mathematik. Berlin: VEB Dtsch. Verlag d. Wiss. 1977.
[48] Seegmüller, G.: Language Aspects in Operating Systems. Lect. Notes in Comp. Science, Bd. 46, Springer Verl. 1976, S. 266—292.
[49] Stay, J. F.: HIPO an Integrated Program Design. IBM System Journal Nr. 2, 1976.
[50] Stock, M., Stock, K. F.: Bibliographie der Programmierungssprachen. Dokumentation Sauer K. G. München 1973.
[51] Stoyan, H.: Der gegenwärtige Stand bei der Implementierung von Systemen zur Programmverifikation. Schriftenr. WBZ MKR, TU Dresden, H. 23, 1977, S. 165—195.
[52] Teicherow, D. et al.: A computer aided technique for structured dokumentation and analysis of IPS. IEEE Trans. Software E., SE-3. 1 (1977).
[53] Thiel, R.: Mathematik, Sprache, Dialektik. Akad. Verl. Berlin 1975
[54] Turski, W. M.: Datenstrukturen. Akad. Verl. Berlin 1975.
[55] Tyugu, E. H.: UTOPIST language. TU Dresden, Schriftenr. WBZ MKR/IV (1978), H. 38, S. 174—205.
[56] VEB Carl Zeiss: Bibliographie Entscheidungstabellen. Jena 1974.
[57] VVB Kombinat Robotron, ZFT: Bericht über Systemprogrammierungssprache SPS/P (1979).

[58] Watanabe, T. F. et al.: EXTRAN-a top down programming system. Inf. Proc. 1974, North Holland 1974, S. 213–217.

[59] Wedekind, H.: Datenbanksysteme I. Bibliogr. Inst. Wissensch. Verl. Mannheim, Wien, Zürich 1976.

[60] Wijngaarden, A. van et al.: Revised Raport on the Algorithmic Language ALGOL 68. Acta Informatica 1975, Fasc (1–3).

[61] Winograd, T.: Why programming languages are obsolete. Programming Languages (incomplete draft) 1978.

[62] Wirth, N.: Modula, a language for modular multiprogramming. Software Practice and experience 7. 1 (1977).

[63] Wirth, N.: Program development by stepwise refinement. Comm. ACM, Vol. 14, 4 (1971), S. 221–227.

FSC
www.fsc.org
MIX
Papier | Fördert
gute Waldnutzung
FSC® C083411

Kolibri 360 GmbH
Ferdinand-Jühlke-Straße 7
99095 Erfurt, Deutschland
produktsicherheit@kolibri360.de